# Curso
# MAD360

*La diferencia entre aprobar y sacar plaza*

# Auxiliar Administrativo/a

## AYUNTAMIENTO DE POZUELO DE ALARCÓN

Si aún no dispones de tu **Curso MAD360**, te ofrecemos un acceso GRATIS de 30 días para que disfrutes de los siguientes recursos:

- Técnicas de Memoria 360.
- MADTEST: Test *online* Nivel PRO.
- Temario en formato digital.
- Vídeos y esquemas.
- Planificación de estudio.
- Foro entre opositores hasta la fecha del examen.*
- Recursos y novedades exclusivas.
- Consúltanos sobre tu oposición y proceso selectivo.
- Actualizaciones legislativas (Boletines Oficiales) hasta 60 días antes de la fecha del examen.*

Para acceder a esta prueba del Curso MAD360** será necesaria la compra de todos los libros para esta especialidad de la edición 2025.

Regístrate en **mad.es/iniciar-sesion** y en la pestaña MIS CURSOS valida los códigos que encuentras en la última página de tus libros.

---

**NOTA IMPORTANTE:**

* Examen de esta categoría profesional correspondiente a la convocatoria publicada en el BOE n.º 230, de 24 de septiembre de 2025, o hasta el 30 de noviembre de 2026, lo que se cumpla antes, y previa renovación del servicio.

** El acceso al CURSO MAD360 estará disponible desde noviembre de 2025 (algunos recursos podrían estar disponibles en fecha posterior). Tendrá una duración de 30 días RENOVABLES mediante pago, desde la validación de códigos, o hasta el 31 de mayo de 2027, lo que se cumpla antes.

MAD se reserva el derecho a ampliar dichas fechas.

# Auxiliar Administrativo/a del Ayuntamiento de Pozuelo de Alarcón

**Noviembre, 2025**

# Auxiliar Administrativo/a del Ayuntamiento de Pozuelo de Alarcón

## Test del temario

**ELENA GARCÍA FERNÁNDEZ**
Licenciada en Derecho

**JOSÉ ANTONIO GUERRERO ARROYO**
Cuerpo Superior de Letrados

© 7 Editores Recursos para la Cualificación Profesional y el Empleo, S.L. (7 Editores)
© Los autores
Primera edición, noviembre 2025 (158 páginas)
Derechos de edición reservados a favor de 7 Editores
IMPRESO EN ESPAÑA
Diseño Portada: 7 Editores
Edita: 7 Editores
Avda. San Francisco Javier, 9 · Edificio Sevilla 2 · Planta 11 · Módulos 25-27 · 41018 Sevilla
Teléfono: 954 784 411 · WEB: www.mad.es · e-mail: administracion@7editores.com
ISBN: 979-13-702-8241-7
© "Editorial Mad" y "Eduforma" son nombres comerciales registrados de
7 Editores Recursos para la Cualificación Profesional y el Empleo, S.L.

# Índice

# TEST N.º 1

## La Constitución Española de 1978: estructura y contenido. Derechos y deberes fundamentales. Su garantía y suspensión

**1. ¿En qué se fundamenta la Constitución Española?**

a) En un Estado social y democrático de Derecho.
b) En la indisoluble unidad de la Nación española.
c) En la independencia de los poderes del Estado.
d) En la organización territorial del Estado.

**2. Según el artículo 3 de la CE, el castellano es la lengua oficial del Estado y todos los españoles:**

a) Tienen el deber de usar y el derecho de conocer el castellano.
b) Tienen el derecho y el deber de conocer el castellano.
c) Tienen el deber de conocer y el derecho de usar el castellano.
d) Tienen el derecho de conocer y usar el castellano.

**3. La Constitución Española reconoce y garantiza el derecho a la autonomía:**

a) De las nacionalidades que la integran.
b) De las regiones que la integran.
c) De las Comunidades Autónomas que la integran.
d) De las nacionalidades y regiones que la integran.

**4. El Preámbulo de la Constitución:**

a) Tiene en sí carácter de norma jurídica.
b) Es una declaración de intenciones, destinada a interpretar lo que se quiere alcanzar con el contenido normativo de la Constitución.
c) Se trata de un texto sin fuerza jurídica de obligar.
d) Las respuestas b) y c) son correctas.

**5. Señala la respuesta correcta, respecto de la aprobación, ratificación y publicación de la Constitución Española:**

a) Aprobada por las Cortes el 31 de octubre de 1978, ratificada por el pueblo en referéndum el 6 de diciembre de 1978 y publicada el 29 de diciembre de 1978.

b) Aprobada por las Cortes el 30 de octubre de 1978, ratificada por el pueblo en referéndum el 16 de diciembre de 1978 y publicada el 27 de diciembre de 1978.

c) Aprobada por las Cortes el 31 de octubre de 1978, ratificada por el pueblo en referéndum el 16 de diciembre de 1978 y publicada el 29 de diciembre de 1978.

d) Aprobada por las Cortes el 10 de octubre de 1978, ratificada por el pueblo en referéndum el 26 de diciembre de 1978 y publicada el 30 de diciembre de 1978.

**6. ¿En qué parte de la Carta Magna se establece la exposición de motivos que impulsan la norma constitucional y los objetivos que con ella se pretenden alcanzar?**

a) En el Título Preliminar.
b) En el Preámbulo.
c) En el Título I.
d) En el Título II.

**7. La Constitución Española fue sancionada por:**

a) El Rey.
b) El Presidente del Congreso.
c) Las Cortes Generales.
d) El Presidente del Gobierno.

**8. ¿Cuáles de los siguientes españoles de origen pueden ser privados de su nacionalidad?**

a) Exclusivamente los miembros de grupos terroristas.
b) Los miembros de grupos terroristas y los que atenten contra el Rey u otro miembro de la Casa Real.
c) Los que atenten contra un miembro de la Familia Real o del Gobierno de la Nación.
d) Ningún español de origen podrá ser privado de su nacionalidad.

**9. Según la CE son fundamentos del orden político y la paz social:**

a) La dignidad de la persona, los derechos violables que les son inherentes y el respeto a la ley.
b) La dignidad de la persona, el desarrollo limitado de la personalidad y el respeto a la ley.
c) El respeto a la ley, a los reglamentos administrativos y demás disposiciones legales.
d) La dignidad de la persona, los derechos inviolables que le son inherentes, el libre desarrollo de su personalidad, el respeto a la ley y a los derechos de los demás.

**10. ¿Cuál de los siguientes es considerado por la CE como uno de los valores superiores del ordenamiento jurídico?**

a) La jerarquía normativa.
b) El pluralismo político.
c) La publicidad normativa.
d) La equidad.

**11. La forma política del Estado español es:**

a) Democracia parlamentaria.
b) Gobierno parlamentario.
c) Monarquía parlamentaria.
d) República democrática.

**12. La parte de la CE que regula la estructura de los principales órganos del Estado recibe el nombre de:**

a) Parte dogmática.
b) Parte orgánica.
c) Parte estatal.
d) Parte estructural.

**13. Según la CE, la soberanía nacional:**

a) Corresponde a las Cortes Generales, al estar compuestas por los representantes del pueblo.
b) Corresponde al Rey.
c) Reside en el pueblo español.
d) Corresponde al Gobierno de la Nación elegido directamente por el pueblo.

**14. ¿En qué parte de la Carta Magna se señalan los valores superiores del ordenamiento jurídico?**

a) En el Preámbulo.
b) En el Título Preliminar.
c) En el Título I.
d) Ninguna respuesta es correcta.

**15. ¿Cuál de las siguientes es una de las características de nuestra Constitución de 1978?**

a) Consensuada.
b) Corta.
c) Conservadora.
d) Originalidad.

**16. Son el fundamento del orden político y de la paz social:**

a) El libre desarrollo de la personalidad.
b) Los derechos inviolables que les son inherentes.
c) El respeto a la ley y a los derechos de los demás.
d) Todas las respuestas son correctas.

**17. ¿Qué quedará excluido de extradición?**

a) Los delitos criminales.
b) Los delitos políticos.
c) Los actos de terrorismo.
d) Ninguno.

**18. ¿Qué debe ser democrático, a tenor de lo dispuesto en la Constitución Española, en los sindicatos de trabajadores y las asociaciones empresariales?**

a) Su funcionamiento.
b) Su estructura interna.
c) Su funcionamiento y estructura interna.
d) Sus órganos asamblearios.

**19. ¿De cuántos Capítulos consta el Título I de la CE de 1978?**

a) De tres.
b) De cinco.
c) De dos.
d) De cuatro.

**20. El principio en virtud del cual un Reglamento no puede contradecir una ley es el de:**

a) Legalidad.
b) Jerarquía normativa.
c) Las respuestas a) y b) son correctas.
d) Seguridad jurídica.

En MADTEST tienes **más preguntas de este tema**, y todos tus avances quedan registrados y se reflejan en el ranking.

**¡Supera tus límites con MADTEST!**

# Solución al test n.º 1

**1.** b) En la indisoluble unidad de la Nación española.

**2.** c) Tienen el deber de conocer y el derecho de usar el castellano.

**3.** d) De las nacionalidades y regiones que la integran.

**4.** d) Las respuestas b) y c) son correctas.

**5.** a) Aprobada por las Cortes el 31 de octubre de 1978, ratificada por el pueblo en referéndum el 6 de diciembre de 1978 y publicada el 29 de diciembre de 1978.

**6.** b) En el Preámbulo.

**7.** a) El Rey.

**8.** d) Ningún español de origen podrá ser privado de su nacionalidad.

**9.** d) La dignidad de la persona, los derechos inviolables que le son inherentes, el libre desarrollo de su personalidad, el respeto a la ley y a los derechos de los demás.

**10.** b) El pluralismo político.

**11.** c) Monarquía parlamentaria.

**12.** b) Parte orgánica.

**13.** c) Reside en el pueblo español.

**14.** b) En el Título Preliminar.

**15.** a) Consensuada.

**16.** d) Todas las respuestas son correctas.

**17.** b) Los delitos políticos.

**18.** c) Su funcionamiento y estructura interna.

**19.** b) De cinco.

**20.** c) Las respuestas a) y b) son correctas.

# TEST N.º 2

**La Corona. Las Cortes Generales: composición, atribuciones y funcionamiento. Órganos dependientes de las Cortes Generales: El Tribunal de Cuentas y el Defensor del Pueblo. El Poder Judicial**

**1. El nombramiento del Defensor del Pueblo se efectuará por un período de:**

a) 7 años.
b) 9 años.
c) 5 años.
d) 3 años.

**2. Según la Constitución Española, arbitra y modera el funcionamiento regular de las instituciones:**

a) El Presidente del Gobierno.
b) El Rey.
c) El Estado.
d) Los tribunales de Justicia.

**3. Las abdicaciones y renuncias y cualquier duda de hecho o de derecho que ocurra en el orden de sucesión a la Corona se resolverán:**

a) Por ley.
b) Por decreto ley.
c) Por decisión de las Cortes Generales.
d) Por ley orgánica.

**4. Si no hubiese a quien corresponda la Regencia, esta será nombrada por:**

a) Las Cortes Generales.
b) El Congreso de los Diputados.
c) El Senado.
d) El Gobierno.

**5. No necesita de refrendo:**

a) Declarar la guerra y hacer la paz.
b) Expedir los decretos acordados en Consejo de Ministros.
c) Nombrar y relevar a los miembros civiles y militares de la Casa Real.
d) Todos los actos del Rey necesitan refrendo.

**6. ¿A quién corresponde manifestar el consentimiento del Estado para obligarse por medio de tratados?**

a) Al Rey.
b) Al Gobierno.
c) Al Estado.
d) Al Presidente del Gobierno.

**7. El Defensor del Pueblo se configura constitucionalmente como alto comisionado:**

a) Del pueblo.
b) De las Cortes Generales.
c) Del Poder Judicial.
d) Del Gobierno.

**8. ¿De quién recibe órdenes el Defensor del Pueblo?**

a) De las Cortes Generales.
b) No está sometido a mandato imperativo.
c) De los Tribunales.
d) Del Gobierno.

**9. Si el príncipe heredero contrae matrimonio contra la expresa prohibición de las Cortes Generales:**

a) No podrá casarse.
b) Podrá casarse, pero no podrá vivir en el palacio real.
c) Deberá antes de pedir autorización a las Cortes para poder contraerlo.
d) Será excluido en la sucesión de la corona.

**10. Según el art. 59.5 de la Carta Magna, la Regencia se ejercerá:**

a) Por mandato constitucional y en nombre del pueblo español.
b) Por mandato constitucional y en nombre de las Cortes Generales.
c) Por mandato constitucional y en nombre de la soberanía popular.
d) Por mandato constitucional y en nombre del Rey.

**11. Las Cámaras se reúnen en sesiones:**

a) Ordinarias y extraordinarias.
b) Simples o conjuntas.
c) Ordinarias, extraordinarias y conjuntas.
d) Ordinarias, extraordinarias y de urgencia.

**12. Para adoptar acuerdos, las Cámaras deben estar reunidas reglamentariamente y con asistencia de la mayoría de sus miembros. Dichos acuerdos, para ser válidos, deberán ser aprobados:**

a) Por la mayoría de los miembros presentes.
b) Por mayoría absoluta de sus miembros.
c) Por los 3/5 de cada una de las Cámaras.
d) Por los 2/3 del conjunto de las Cámaras.

**13. ¿En qué plazo deberá ser convocado el Congreso electo tras la celebración de elecciones?**

a) Entre los 30 y 60 días siguientes.
b) Dentro de los 25 días siguientes.
c) Entre los 10 y 30 días siguientes.
d) Dentro de los 30 días siguientes.

**14. En las causas contra Diputados y Senadores será competente:**

a) La Sala de lo Civil del Tribunal Supremo.
b) La Sala de lo Social del Tribunal Supremo.
c) La Sala de lo Contencioso-Administrativo del Tribunal Supremo.
d) La Sala de lo Penal del Tribunal Supremo.

**15. Las Diputaciones Permanentes estarán presididas por:**

a) El diputado de mayor edad.
b) El diputado del grupo parlamentario más numeroso.
c) El Presidente del Gobierno.
d) El Presidente de la Cámara respectiva.

**16. ¿Cuántos Senadores corresponderán a Menorca?**

a) 1.
b) 2.
c) 3.
d) 4.

**17. ¿Quién nombra al Presidente del Tribunal de Cuentas?**

a) El Presidente del Congreso de los Diputados.
b) El Rey.
c) El Congreso de los Diputados.
d) El Pleno del Congreso de los Diputados.

**18. ¿De qué órgano constitucional depende el Tribunal de Cuentas?**

a) Del Gobierno.
b) Del Tribunal Supremo.
c) Del Congreso de los Diputados.
d) De las Cortes Generales.

**19. Las sesiones conjuntas del Senado y del Congreso serán presididas:**

a) Por el Rey.
b) Por el Presidente del Gobierno.
c) Por el Presidente del Congreso.
d) Por el Presidente del Senado.

**20. ¿Cuánto tiempo dura el mandato del Presidente del Tribunal de Cuentas?**

a) Cuatro años.
b) Cinco años.
c) Tres años.
d) Dos años.

En MADTEST tienes **más preguntas de este tema**, y todos tus avances quedan registrados y se reflejan en el ranking.

**¡Supera tus límites con MADTEST!**

# Solución al test n.º 2

**1.** c) 5 años.

**2.** b) El Rey.

**3.** d) Por ley orgánica.

**4.** a) Las Cortes Generales.

**5.** c) Nombrar y relevar a los miembros civiles y militares de la Casa Real.

**6.** a) Al Rey.

**7.** b) De las Cortes Generales.

**8.** b) No está sometido a mandato imperativo.

**9.** d) Será excluido en la sucesión de la corona.

**10.** d) Por mandato constitucional y en nombre del Rey.

**11.** c) Ordinarias, Extraordinarias y Conjuntas.

**12.** a) Por la mayoría de los miembros presentes.

**13.** b) Dentro de los 25 días siguientes.

**14.** d) La Sala de lo Penal del Tribunal Supremo.

**15.** d) El Presidente de la Cámara respectiva.

**16.** a) 1.

**17.** b) El Rey.

**18.** d) De las Cortes Generales.

**19.** c) Por el Presidente del Congreso.

**20.** c) Tres años.

# TEST N.º 3

**La Organización territorial del Estado en la Constitución: principios generales. La Administración Local. Las Comunidades Autónomas: los Estatutos de Autonomía**

**1. Según la Constitución, las Entidades que forman parte de la organización territorial del Estado tienen la nota común de:**

a) Autogobierno.
b) Independencia.
c) Autonomía.
d) Financiación propia.

**2. La titularidad de la soberanía española radica en el/las:**

a) Cortes Generales como representantes del pueblo español.
b) Rey como Jefe del Estado.
c) Pueblo mismo.
d) Nacionalidades y regiones que integran España.

**3. No pueden constituirse en Comunidades Autónomas los territorios:**

a) Que no estén integrados en la organización provincial.
b) Que, no siendo superiores a una Provincia, tengan entidad regional histórica.
c) Que, no siendo superiores a una Provincia, no tengan entidad regional histórica.
d) Interinsulares.

**4. La vía ordinaria de acceso a la autonomía por el artículo 143 de la Constitución se sigue por los/las:**

a) Provincias con entidad regional histórica.
b) Territorios que en el pasado hubieren plebiscitado afirmativamente proyecto de Estatuto de Autonomía.
c) Provincia sin entidad regional histórica directamente.
d) Supuestos especiales de Ceuta, Melilla y Gibraltar.

**5. Entre las determinaciones de los Estatutos de Autonomía no es necesario incluir la:**

a) Delimitación de su territorio.

b) Denominación de las instituciones autónomas propias.

c) Denominación de la Comunidad.

d) Denominación, organización y sede de sus instituciones administrativas.

**6. En las Comunidades Autónomas que siguen la vía común, el Proyecto de Estatuto será elaborado por la/los:**

a) Asamblea de Parlamentarios que se constituye al efecto.

b) Comisión Constitucional del Congreso de los Diputados.

c) Diputación Provincial correspondiente.

d) Miembros de la Diputación u órgano interinsular y por los Diputados y Senadores elegidos por ellas.

**7. El voto de ratificación por los Plenos del Senado y del Congreso de los Diputados se dará en el/las:**

a) Comunidades Autónomas que siguen la vía común.

b) Comunidades Autónomas que siguen la vía especial.

c) Acceso a la autonomía de Ceuta y Melilla.

d) Acceso a la autonomía de Gibraltar.

**8. La responsabilidad política del Presidente de una Comunidad Autónoma se exige por el/la:**

a) Sala de lo Penal del Tribunal Supremo.

b) Congreso de los Diputados.

c) Tribunal Superior de Justicia de la Comunidad Autónoma.

d) Asamblea Legislativa de la Comunidad Autónoma.

**9. La Asamblea Legislativa de las Comunidades Autónomas se elige:**

a) Con criterios de representación territorial.

b) Con criterios de representación proporcional.

c) Por sufragio individual.

d) Con criterios de representación provincial.

**10. Con el fin de corregir los desequilibrios económicos interterritoriales y hacer efectivo el principio de solidaridad, se constituye:**

a) El Fondo de Compensación Interterritorial.

b) El Comité Económico Interterritorial.

c) El Consejo de Política Fiscal y Financiera.
d) El FASI.

**11. Los Estatutos de Autonomía deberán contener el/la/las:**

a) Competencias que se dejan al Estado y las que asume la Comunidad.
b) Competencias que, en función de la Constitución, asume cada Comunidad Autónoma.
c) Desarrollo de la Administración Autonómica.
d) División provincial y órganos de gobierno.

**12. En la reforma de los Estatutos intervienen las Cortes Generales:**

a) Siempre.
b) Nunca.
c) Solo cuanto se trata de Comunidades Autónomas que accedieron por la vía común.
d) En las Comunidades Autónomas de vía especial exclusivamente.

**13. Los miembros de las Diputaciones u órganos interinsulares intervienen en la elaboración de los Estatutos de Autonomía:**

a) En todo caso.
b) Nunca.
c) En las Comunidades Autónomas de vía común.
d) En las Comunidades Autónomas de vía especial.

**14. Los Estatutos de Autonomía en la vía común se aprueban por el:**

a) Congreso de los Diputados mediante ley orgánica.
b) Congreso de los Diputados y Senado por ley orgánica.
c) Congreso de los Diputados y Senado por ley ordinaria.
d) Parlamento Autonómico solamente.

**15. La más alta representación de una Comunidad Autónoma la ostenta el:**

a) Presidente del Parlamento Autonómico.
b) Presidente de la Comunidad Autónoma.
c) Rey.
d) Presidente del Gobierno de la Nación.

**16. La asunción de competencias y de mayor autonomía por las Comunidades Autónomas es, como regla general:**

a) Regresiva.
b) Progresiva.
c) Automática.
d) Inmediata.

**17. En la elaboración por la vía común de los Estatutos de Autonomía:**

a) No intervienen los Municipios afectados.
b) Intervendrán en todo caso.
c) Solo intervienen las Diputaciones Provinciales u órganos interinsulares.
d) Solo intervienen los Municipios y los Diputados y Senadores.

**18. El principio de solidaridad consagrado por el artículo 138 de la Constitución exige una atención especial a:**

a) Las Comunidades Autónomas de economía más deprimida.
b) Las Entidades de ámbito territorial inferior al municipal.
c) Todas las partes del territorio nacional.
d) Las Islas.

**19. La federación de Comunidades Autónomas, según la Constitución:**

a) Solo se permite respecto de las limítrofes.
b) Requiere Ley Orgánica de las Cortes Generales.
c) Ha de efectuarse previa reforma de la propia Constitución.
d) Está absolutamente prohibida.

**20. De las siguientes materias, ¿cuáles no son competencia exclusiva del Estado?**

a) Legislación sobre propiedad intelectual e industrial.
b) Fomento y coordinación general de la investigación científica y técnica.
c) Los montes y aprovechamientos forestales.
d) Defensa y Fuerzas Armadas.

En MADTEST tienes **más preguntas de este tema**, y todos tus avances quedan registrados y se reflejan en el ranking.

**¡Supera tus límites con MADTEST!**

# Solución al test n.º 3

**1.** c) Autonomía.

**2.** c) Pueblo mismo.

**3.** d) Interinsulares.

**4.** a) Provincias con entidad regional histórica.

**5.** d) Denominación, organización y sede de sus instituciones administrativas.

**6.** d) Miembros de la Diputación u órgano interinsular y por los Diputados y Senadores elegidos por ellas.

**7.** b) Comunidades Autónomas que siguen la vía especial.

**8.** d) Asamblea Legislativa de la Comunidad Autónoma.

**9.** b) Con criterios de representación proporcional.

**10.** a) El Fondo de Compensación Interterritorial.

**11.** b) Competencias que, en función de la Constitución, asume cada Comunidad Autónoma.

**12.** a) Siempre.

**13.** c) En las Comunidades Autónomas de vía común.

**14.** b) Congreso de los Diputados y Senado por ley orgánica.

**15.** b) Presidente de la Comunidad Autónoma.

**16.** b) Progresiva.

**17.** a) No intervienen los Municipios afectados.

**18.** d) Las Islas.

**19.** d) Está absolutamente prohibida.

**20.** c) Los montes y aprovechamientos forestales.

# TEST N.º 4

**La Comunidad de Madrid. El Estatuto de Autonomía de la Comunidad de Madrid. Competencias. Organización institucional: la Asamblea de Madrid, el Presidente, el Gobierno**

**1. Si la Asamblea de la Comunidad de Madrid adopta una moción de censura:**

a) Cesa el Gobierno pero no el Presidente.
b) Cesa solo el Presidente pero no el Gobierno.
c) Cesan tanto Presidente como Gobierno.
d) Ninguna es correcta.

**2. Las leyes de la Asamblea estarán sujetas únicamente al control de constitucionalidad por:**

a) Los órganos constitucionales.
b) Por el Defensor del Pueblo.
c) Por el Tribunal Supremo.
d) Ninguna es correcta.

**3. Señala la respuesta correcta:**

a) Las leyes aprobadas por la Asamblea serán promulgadas en nombre del Rey por el Presidente de la Comunidad, que ordenará su publicación en el "Boletín Oficial de la Comunidad de Madrid" y en el "Boletín Oficial del Estado", entrando en vigor al día siguiente de su publicación en aquél, salvo que en las mismas se disponga otra cosa.

b) Las leyes aprobadas por la Asamblea serán promulgadas en nombre del Rey por el Presidente de la Asamblea, que ordenará su publicación en el "Boletín Oficial de la Comunidad de Madrid" y en el "Boletín Oficial del Estado", entrando en vigor al día siguiente de su publicación en aquél, salvo que en las mismas se disponga otra cosa.

c) Las leyes aprobadas por la Asamblea serán promulgadas en nombre del Rey por el Presidente de la Comunidad, que ordenará su publicación en el "Boletín Oficial de la Comunidad de Madrid" y en el "Boletín Oficial del Estado", entrando en vigor el mismo de su publicación, salvo que en las mismas se disponga otra cosa.

d) Las leyes aprobadas por la Asamblea serán promulgadas en nombre del Rey por el Presidente de la Comunidad, que ordenará su publicación en el "Boletín Oficial de la Comunidad de Madrid" y en el "Boletín Oficial del Estado", entrando en vigor al día siguiente de su publicación en aquél, en todo caso.

**4. La Asamblea es elegida atendiendo a criterios de:**

a) De representación proporcional.
b) De representación territorial.
c) De representación municipal.
d) Todas son correctas.

**5. La Asamblea estará compuesta por un Diputado por:**

a) Un Diputado por cada 30.000 habitantes o fracción superior a 25.000.
b) Un Diputado por cada 50.000 habitantes o fracción superior a 30.000.
c) Un Diputado por cada 60.000 habitantes o fracción superior a 25.000.
d) Un Diputado por cada 50.000 habitantes o fracción superior a 25.000.

**6. ¿Cuándo termina el mandato de los Diputados?**

a) Cuatro años después de su elección o el día de la disolución de la Cámara en los supuestos previstos en este Estatuto.
b) Cinco años después de su elección o el día de la disolución de la Cámara en los supuestos previstos en este Estatuto.
c) Seis años después de su elección o el día de la disolución de la Cámara en los supuestos previstos en este Estatuto.
d) Un año después de su elección o el día de la disolución de la Cámara en los supuestos previstos en este Estatuto.

**7. Señala la opción incorrecta:**

a) Los Diputados no estarán ligados por mandato imperativo alguno.
b) Una ley de la Asamblea, regulará las elecciones, que serán convocadas por el Presidente de la Comunidad.
c) La circunscripción electoral es la provincia.
d) Serán electores y elegibles todos los madrileños mayores de dieciséis años de edad que estén en pleno goce de sus derechos políticos.

**8. ¿Cuándo tendrán lugar las elecciones?**

a) El cuarto domingo de mayo de cada cuatro años.
b) El primer domingo de mayo de cada cuatro años.
c) El tercer domingo de mayo de cada cuatro años.
d) El cuarto domingo de mayo de cada seis años.

**9. La sesión constitutiva de la Asamblea tendrá lugar dentro de:**

a) Los veinticinco días siguientes a la proclamación de los resultados electorales.
b) Los veinte días siguientes a la proclamación de los resultados electorales.
c) Los quince días siguientes a la proclamación de los resultados electorales.
d) Los diez días siguientes a la proclamación de los resultados electorales.

**10. La adquisición de la condición plena de Diputado requerirá, en todo caso, la prestación de la promesa o juramento de acatamiento de:**

a) La Constitución.
b) La Constitución y el Estatuto de Autonomía de la Comunidad de Madrid.
c) El Estatuto de Autonomía de la Comunidad de Madrid.
d) El Estatuto Básico del Empleado Público.

**11. Señala la opción incorrecta:**

a) La Asamblea determinará por ley las causas de inelegibilidad e incompatibilidad de los Diputados.
b) Los Diputados no gozarán de inviolabilidad por las opiniones manifestadas en el ejercicio de sus funciones después de haber cesado en su mandato.
c) Durante su mandato los miembros de la Asamblea no podrán ser detenidos ni retenidos por actos delictivos cometidos en el territorio de la Comunidad, sino en caso de flagrante delito.
d) Los Diputados de la Asamblea recibirán de cualesquiera autoridades y funcionarios la ayuda que precisen para el ejercicio de su labor y el trato y precedencia debidos a su condición.

**12. Los Diputados percibirán una asignación, que será fijada por:**

a) La Asamblea.
b) El Tesorero.
c) El Presidente.
d) La Cámara.

**13. La Asamblea se dotará de su propio Reglamento, cuya aprobación y reforma serán sometidas a una votación final sobre su totalidad, que requerirá el voto afirmativo:**

a) Del Presidente.
b) De la mayoría absoluta de los Diputados.
c) De la mayoría simple de los Diputados.
d) Ninguna es correcta.

**14. En el Reglamento de la Asamblea de Madrid deberá especificarse:**

a) La relaciones entre la Asamblea y el Gobierno.

b) El número mínimo de Diputados necesario para la formación de los Grupos Parlamentarios.

c) Las funciones de la Junta de Portavoces.

d) Todas son correctas.

**15. La Asamblea elegirá de entre sus miembros:**

a) De entre sus miembros elegirán únicamente al Presidente.

b) A la Diputación Permanente.

c) Al Presidente y a la Diputación Permanente.

d) Al Presidente, a la Mesa y a la Diputación Permanente.

**16. ¿Cómo se constituyen los Diputados de la Asamblea?**

a) En Grupos parlamentarios.

b) En Junta de Gobierno.

c) En Comisión Mixta.

d) Ninguna es correcta.

**17. ¿Cómo funcionará la Asamblea?**

a) En Pleno.

b) Por Comisiones.

c) En Pleno y por Comisiones.

d) Ninguna es correcta.

**18. Tras la celebración de elecciones, ¿quién dará cuenta al Pleno de la Asamblea?**

a) A la Diputación Permanente.

b) Al Presidente.

c) A los Vocales.

d) A los Portavoces.

**19. ¿Quién convocará las sesiones extraordinarias de la Asamblea?**

a) Por el Presidente de la Asamblea a petición del Gobierno, de la Diputación Permanente, de una cuarta parte de los Diputados o del número de Grupos Parlamentarios que el Reglamento determine.

b) Por el Presidente de la Asamblea a petición de la Diputación Permanente únicamente.

c) Por el Presidente de la Asamblea.

d) Por el Presidente y vicepresidente de la Asamblea a petición del Gobierno.

**20. ¿A quién corresponde la iniciativa legislativa?**

a) A los Diputados.
b) A los Grupos Parlamentarios.
c) Al Gobierno.
d) Todas son correctas.

En MADTEST tienes **más preguntas de este tema**, y todos tus avances quedan registrados y se reflejan en el ranking.

**¡Supera tus límites con MADTEST!**

# Solución al test n.º 4

**1.** c) Cesan tanto Presidente como Gobierno.

**2.** d) Ninguna es correcta.

**3.** a) Las leyes aprobadas por la Asamblea serán promulgadas en nombre del Rey por el Presidente de la Comunidad, que ordenará su publicación en el "Boletín Oficial de la Comunidad de Madrid" y en el "Boletín Oficial del Estado", entrando en vigor al día siguiente de su publicación en aquél, salvo que en las mismas se disponga otra cosa.

**4.** a) De representación proporcional.

**5.** d) Un Diputado por cada 50.000 habitantes o fracción superior a 25.000.

**6.** a) Cuatro años después de su elección o el día de la disolución de la Cámara en los supuestos previstos en este Estatuto.

**7.** d) Serán electores y elegibles todos los madrileños mayores de dieciséis años de edad que estén en pleno goce de sus derechos políticos.

**8.** a) El cuarto domingo de mayo de cada cuatro años.

**9.** a) Los veinticinco días siguientes a la proclamación de los resultados electorales.

**10.** b) La Constitución y el Estatuto de Autonomía de la Comunidad de Madrid.

**11.** b) Los Diputados no gozarán de inviolabilidad por las opiniones manifestadas en el ejercicio de sus funciones después de haber cesado en su mandato.

**12.** a) La Asamblea.

**13.** b) De la mayoría absoluta de los Diputados.

**14.** d) Todas son correctas.

**15.** d) Al Presidente, a la Mesa y a la Diputación Permanente.

**16.** a) En Grupos parlamentarios.

**17.** c) En Pleno y por Comisiones.

**18.** a) A la Diputación Permanente.

**19.** a) Por el Presidente de la Asamblea a petición del Gobierno, de la Diputación Permanente, de una cuarta parte de los Diputados o del número de Grupos Parlamentarios que el Reglamento determine.

**20.** d) Todas son correctas.

# TEST N.º 5

**Las fuentes del derecho comunitario europeo. Derecho originario y derivado: reglamentos, directivas y decisiones. Otras fuentes. Las relaciones entre el derecho comunitario y el ordenamiento jurídico de los Estados miembros**

**1. El Tratado de la CECA entra en vigor el:**

a) 25 de julio de 1952.
b) 1 de julio de 1952.
c) 31 de junio de 1952.
d) 25 de junio de 1952.

**2. El periodo de duración del Tratado de la CECA era de:**

a) No se establecía periodo de duración.
b) 40 años.
c) 25 años.
d) 50 años.

**3. Los Tratados de Roma de 25 de marzo de 1957 por los que se crean la Comunidad Económica Europea (CEE) y la Comunidad Europea de la Energía Atómica (CEEA o EURATOM) se firman por:**

a) Alemania, Gran Bretaña, Italia, Bélgica, Holanda, Luxemburgo.
b) Alemania, Francia, Italia, Bélgica, Holanda, Luxemburgo.
c) Francia, Italia, Bélgica, Holanda, Luxemburgo.
d) Alemania, Francia, Gran Bretaña, Bélgica, Holanda, Luxemburgo.

**4. De acuerdo con el Tratado Constitutivo de la Comunidad Europea, la realización de las funciones asignadas a la Comunidad corresponderá a:**

a) Una Asamblea, un Consejo, una Comisión y un Tribunal de Justicia.
b) Un Parlamento, un Consejo, una Comisión y un Tribunal de Justicia.
c) Una Asamblea, un Consejo y una Comisión.
d) Una Asamblea, un Consejo y un Tribunal de Justicia.

**5. De acuerdo con el Tratado de Bruselas de 8 de abril de 1965, que entró en vigor el 1 de julio de 1967, denominado tratado de fusión, se constituyó:**

a) Un Consejo único y una Comisión única.
b) Un único Tribunal de Justicia y una Comisión.
c) Un único Tribunal de Justicia, Parlamento, Comisión y Consejo.
d) Un Consejo y un Parlamento único.

**6. El Acta Única es ratificada por España en:**

a) 1987.
b) 1986.
c) 1988.
d) 1989.

**7. Son objetivos del Acta Única:**

a) Establecimiento de un gran mercado sin fronteras.
b) Adopción de políticas estructurales y de apoyo a las regiones más atrasadas.
c) Cooperación en investigación y desarrollo.
d) Todos son objetivos.

**8. El Tratado de Lisboa:**

a) Modificará los dos textos fundamentales de la UE: el Tratado de la Unión Europea y el Tratado constitutivo de la Comunidad Europea.
b) El Tratado Constitutivo pasará a llamarse Tratado de Funcionamiento de la Unión Europea.
c) Entró en vigor el 1 de noviembre de 2009.
d) Las respuestas a) y b) son verdaderas.

**9. De acuerdo con el Tratado de Lisboa, el funcionamiento de la UE se rige por los siguientes principios democráticos:**

a) Igualdad democrática.
b) Democracia representativa.
c) Democracia participativa.
d) Todos son verdaderos.

**10. El Tratado de Niza entra en vigor:**

a) El 1 de febrero de 2003.
b) El 1 de enero de 2003.
c) El 1 de febrero de 2002.
d) El 28 de febrero de 2003.

**11. Indica en qué apartado se encuentra el grupo en el que todos los países forman parte de la Unión Europea:**

a) Malta, Hungría, Chipre, Holanda.
b) Luxemburgo, Polonia, Francia, Ucrania.
c) Alemania, Dinamarca, Noruega, Turquía.
d) República Checa, Portugal, Suiza, Suecia.

**12. Según el Tratado Constitutivo, la CEE tenía como objetivos:**

a) Una unión monetaria, la configuración de ciertas políticas comunes, la creación de un mercado europeo, y un mercado común que irá logrando poco a poco.
b) Una unión aduanera, la configuración de ciertas políticas comunes, la creación de un mercado europeo, y un mercado común que irá logrando poco a poco.
c) Una unión aduanera, una unión monetaria, la configuración de ciertas políticas comunes, la creación de un mercado europeo y un mercado común que irá logrando poco a poco.
d) Todas son falsas.

**13. Entre las principales modificaciones del TUE tras el Tratado de Lisboa se encuentra:**

a) La sustitución de la Unión Europea y de la Comunidad Europea, por una sola "Unión Europea".
b) La creación de los tres pilares.
c) La eliminación de los tres pilares.
d) Las respuestas a) y c) son verdaderas.

**14. La "comunitarización" del sistema de Schengen (libre circulación de personas sin barrera) se produce en:**

a) El TUE.
b) El Tratado de Lisboa.
c) El TCE.
d) El Tratado de Ámsterdam.

**15. ¿Qué Tratado se puede considerar como el primer intento de limitación de los poderes de las instituciones?**

a) AUE.
b) Niza.
c) Ámsterdam.
d) TUE.

**16. Señala la respuesta verdadera:**

a) El primer paso en la creación de la Comunidad Europea lo va a dar el Ministro de Asuntos Exteriores francés, Robert Schuman.
b) En 1948, inicia su andadura el Benelux (Unión Aduanera de Bélgica, los Países Bajos y Luxemburgo) con la aplicación de un arancel exterior común.

c) La creación del Consejo de Europa se produce en 1949.
d) Todas son verdaderas.

**17. La primera elección por sufragio universal y directo del Parlamento se produce en:**

a) 1979.
b) 1981.
c) 1977.
d) 1987.

**18. El punto de partida para la Política Exterior y Seguridad Común fue establecido:**

a) En el AUE.
b) En el Tratado Constitutivo CEE.
c) En Niza.
d) En el TUE.

**19. Uno de los principios que se refuerzan en el Tratado de Ámsterdam será:**

a) El de subsidiariedad.
b) El de proporcionalidad.
c) El de cooperación.
d) Se refuerzan todos ellos.

**20. Establecía el Tratado de Niza que, cuando el Consejo deba adoptar un acuerdo por mayoría cualificada, el voto de España equivaldrá a:**

a) 29.
b) 27.
c) 25.
d) 23.

En MADTEST tienes **más preguntas de este tema**, y todos tus avances quedan registrados y se reflejan en el ranking.

**¡Supera tus límites con MADTEST!**

# Solución al test n.º 5

**1.** a) 25 de julio de 1952.

**2.** d) 50 años.

**3.** b) Alemania, Francia, Italia, Bélgica, Holanda, Luxemburgo.

**4.** a) Una Asamblea, un Consejo, una Comisión y un Tribunal de Justicia.

**5.** a) Un Consejo único y una Comisión única.

**6.** b) 1986.

**7.** d) Todos son objetivos.

**8.** d) Las respuestas a) y b) son verdaderas.

**9.** d) Todos son verdaderos.

**10.** a) El 1 de febrero de 2003.

**11.** a) Malta, Hungría, Chipre, Holanda.

**12.** b) Una unión aduanera, la configuración de ciertas políticas comunes, la creación de un mercado europeo, y un mercado común que irá logrando poco a poco.

**13.** d) Las respuestas a) y c) son verdaderas.

**14.** d) El Tratado de Ámsterdam.

**15.** a) AUE.

**16.** d) Todas son verdaderas.

**17.** a) 1979.

**18.** a) En el AUE.

**19.** d) Se refuerzan todos ellos.

**20.** b) 27.

# TEST N.º 6

**El Personal al servicio de la Administración Pública según el Texto Refundido de la Ley del Estatuto Básico del Empleado Público, aprobado por el Real Decreto Legislativo 5/2015, de 30 de octubre: Clases. Adquisición y pérdida de la condición de funcionario. Situaciones administrativas. Derechos de los empleados públicos. Incompatibilidades y régimen disciplinario**

**1. Según el artículo 1.3. del Texto Refundido de la Ley del Estatuto Básico del Empleado Público, uno de los fundamentos de actuación reflejados por el EBEP es el servicio a los ciudadanos y:**

a) A los intereses generales.
b) Al ordenamiento jurídico.
c) Al bienestar general.
d) A la Administración Pública.

**2. Los empleados públicos tienen derecho a la progresión en la carrera profesional y promoción interna según principios constitucionales de igualdad, mérito y capacidad mediante la implantación de sistemas objetivos y transparentes de:**

a) Control.
b) Evaluación.
c) Participación.
d) Provisión.

**3. El Estatuto Básico del Empleado Público tendrá carácter supletorio:**

a) Para el personal laboral al servicio de las Administraciones de las comunidades autónomas.
b) Para el personal docente.
c) Para el personal estatutario de los servicios de salud.
d) Para todo el personal de las Administraciones Públicas no incluido en su ámbito de aplicación.

**4. El EBEP contiene:**

a) Aquello que es común al conjunto de los empleados públicos de todas las Administraciones Públicas.

b) Las normas legales específicas aplicables a los empleados públicos de todas las Administraciones Públicas.

c) Aquello que es común al conjunto de los funcionarios de todas las Administraciones Públicas, más las normas legales específicas aplicables al personal laboral a su servicio.

d) Aquello que es común al conjunto del personal laboral de todas las Administraciones Públicas, más las normas legales específicas aplicables al personal funcionario a su servicio.

**5. Señalar la respuesta incorrecta. La designación de personal directivo:**

a) Atenderá a principios de mérito y capacidad.

b) Se llevará a cabo mediante procedimientos que garanticen la publicidad y concurrencia.

c) Supone la adquisición de la condición de personal eventual.

d) Atenderá a criterios de idoneidad.

**6. En relación con el personal eventual, es cierto que:**

a) Será retribuido con cargo a los créditos presupuestarios consignados para el personal funcionario.

b) La condición de personal eventual constituirá mérito en la fase de concurso para el acceso a la Función Pública.

c) Su cese tendrá lugar, en todo caso, cuando se produzca el de la autoridad a la que se preste la función de confianza o asesoramiento.

d) La condición de personal eventual computará como mérito para la promoción interna.

**7. Corresponden en exclusiva a los funcionarios públicos, en los términos que en la ley de desarrollo de cada Administración Pública se establezca, el ejercicio de funciones:**

a) Directivas.

b) Que impliquen la participación directa o indirecta en el ejercicio de las potestades públicas.

c) Del ámbito militar, de la Justicia o de la Hacienda Pública.

d) Que impliquen la participación directa (no la indirecta), en la salvaguardia de los intereses generales del Estado.

**8. Las leyes de Función Pública que se dicten en desarrollo del EBEP podrán prever el nombramiento de personal interino para la ejecución de programas de carácter temporal con una duración de hasta:**

a) 2 años.

b) 3 años.

c) 4 años.

d) 5 años.

**9. Completar la siguiente frase. Según el artículo 8 del Texto Refundido de la Ley del Estatuto Básico del Empleado Público, aprobado por el Real Decreto Legislativo 5/2015, de 30 de octubre, son empleados públicos quienes desempeñan funciones .............. en las Administraciones Públicas al servicio de los intereses generales:**

a) Directivas.
b) Exclusivas.
c) Administrativas.
d) Retribuidas.

**10. Según el artículo 9.1 del EBEP, es una característica del funcionario de carrera el desempeño de servicios profesionales retribuidos de carácter:**

a) Permanente.
b) Público.
c) Administrativo.
d) Autoritario.

**11. El número de puestos cubiertos por personal eventual:**

a) Es indefinido e ilimitado.
b) Está limitado por un máximo establecido por los respectivos órganos de gobierno.
c) Está limitado a tres por cada órgano superior de la Administración Pública.
d) No puede hacerse público, puesto que se trata de personal de confianza.

**12. En relación al personal eventual, el EBEP dispone que:**

a) El número máximo de este tipo de personal se establecerá por ley de las Cortes Generales o de las Asambleas legislativas de las Comunidades Autónomas.
b) El cese de este personal no va ligado, en ningún caso, al de la autoridad a la que se preste la función de confianza o asesoramiento.
c) La condición de personal eventual constituye mérito para el acceso a la Función Pública y para la promoción interna.
d) Este personal solo realiza funciones expresamente calificadas como de confianza o asesoramiento especial.

**13. Los funcionarios interinos serán nombrados por razones expresamente justificadas de necesidad y:**

a) Economía.
b) Eficacia.
c) Urgencia.
d) Calidad.

**14. A tenor del artículo 14 del EBEP los empleados públicos tienen derecho:**

a) A la inamovilidad en la condición de funcionario de carrera.

b) A la formación continua y a la actualización permanente de sus conocimientos y capacidades profesionales, preferentemente fuera del horario laboral.

c) A la libertad de expresión, sin restricción alguna.

d) A participar en la consecución de los objetivos atribuidos a la unidad donde preste sus servicios y a ser consultado por sus superiores por las tareas a desarrollar.

**15. Los empleados públicos tienen derecho a la libertad de expresión:**

a) En los términos que establezca una ley.

b) En los términos que se establezcan reglamentariamente.

c) A través de sus representantes sindicales.

d) Dentro de los límites del ordenamiento jurídico.

**16. Los funcionarios públicos tendrán un permiso por matrimonio de:**

a) 10 días.

b) 15 días.

c) 20 días.

d) 30 días.

**17. Tal y como señala el artículo 50 del EBEP, los funcionarios públicos tendrán derecho a disfrutar, durante cada año natural, de unas vacaciones retribuidas de:**

a) 1 mes.

b) 30 días naturales.

c) 22 días hábiles.

d) 30 días hábiles.

**18. Los Empleados Públicos:**

a) Podrán voluntariamente acatar la Constitución y el resto de normas que integran el ordenamiento jurídico.

b) Podrán abstenerse en aquellos asuntos en los que tengan un interés personal.

c) Su actuación perseguirá la satisfacción de los intereses del Gobierno.

d) Guardarán secreto de las materias clasificadas.

**19. El conjunto ordenado de oportunidades de ascenso y expectativas de progreso profesional conforme a los principios de igualdad, mérito y capacidad, se denomina:**

a) Evaluación del desempeño.

b) Promoción profesional.

c) Promoción interna.

d) Carrera profesional.

**20. Para tener derecho a la promoción interna, los funcionarios deberán tener una antigüedad de servicio activo en el inferior subgrupo o grupo de clasificación profesional, de al menos:**

a) Dos años.
b) Tres años.
c) Cuatro años.
d) Cinco años.

# Solución al test n.º 6

**1.** a) A los intereses generales.

**2.** b) Evaluación.

**3.** d) Para todo el personal de las Administraciones Públicas no incluido en su ámbito de aplicación.

**4.** c) Aquello que es común al conjunto de los funcionarios de todas las Administraciones Públicas, más las normas legales específicas aplicables al personal laboral a su servicio.

**5.** c) Supone la adquisición de la condición de personal eventual.

**6.** c) Su cese tendrá lugar, en todo caso, cuando se produzca el de la autoridad a la que se preste la función de confianza o asesoramiento.

**7.** b) Que impliquen la participación directa o indirecta en el ejercicio de las potestades públicas.

**8.** c) 4 años.

**9.** d) Retribuidas.

**10.** a) Permanente.

**11.** b) Está limitado por un máximo establecido por los respectivos órganos de gobierno.

**12.** d) Este personal solo realiza funciones expresamente calificadas como de confianza o asesoramiento especial.

**13.** c) Urgencia.

**14.** a) A la inamovilidad en la condición de funcionario de carrera.

**15.** d) Dentro de los límites del ordenamiento jurídico.

**16.** b) 15 días.

**17.** c) 22 días hábiles.

**18.** d) Guardarán secreto de las materias clasificadas.

**19.** d) Carrera profesional.

**20.** a) Dos años.

**Ley 7/1985, de 2 de abril, Reguladora de las Bases del Régimen Local: Organización municipal: El Alcalde. El Pleno: integración y funciones. La Junta de Gobierno Local. Régimen de organización de los municipios de gran población**

**1. La personalidad jurídica de los Municipios, según la Constitución Española, es:**

a) Propia.
b) Plena.
c) Reconocida por el Ente que los crea.
d) Dependiente de su autonomía.

**2. Según nuestra Constitución, los Concejales no son elegidos por sufragio:**

a) Universal.
b) Igual.
c) Paritario.
d) Libre.

**3. La pertenencia de un Municipio a dos Provincias:**

a) Se admite excepcionalmente.
b) Ha de estar prevista en norma con rango de ley.
c) Está prohibida en nuestro ordenamiento jurídico.
d) Las respuestas a) y b) son ciertas.

**4. La división del término municipal en distritos, barrios, etc., es competencia del/de la:**

a) Instituto Geográfico Nacional.
b) Diputación Provincial.
c) Ayuntamiento respectivo.
d) Comunidad Autónoma.

**5. Para ser vecino de un Municipio:**

a) Hay que estar empadronado como tal en él.
b) Basta con la residencia habitual en el mismo.
c) No es necesario ser mayor de edad.
d) Debe saberse leer y escribir.

**6. No es posible la consulta popular en la siguiente materia:**

a) Sobre competencias municipales.
b) Hacienda Local.
c) Servicios municipales.
d) Es factible en todas ellas.

**7. En el ámbito local el único órgano que puede someter a consulta popular un asunto es el:**

a) Presidente de la Diputación Provincial.
b) Alcalde.
c) Gobierno de la Nación.
d) Pleno de cada Entidad Local.

**8. En el Padrón no debe constar respecto de un vecino su:**

a) Sexo.
b) Domicilio habitual.
c) Lugar de nacimiento.
d) Debe figurar todo lo anterior.

**9. El Consejo de Empadronamiento está adscrito al/a la:**

a) Presidencia dei Gobierno de la Nación.
b) Ministerio del Interior.
c) Ministerio de Asuntos Económicos y Transformación Digital.
d) Ministerio de la Presidencia, Relaciones con las Cortes y Memoria Democrática.

**10. La confección del Padrón de españoles residentes en el extranjero es competencia del/de la:**

a) Ayuntamiento de su último domicilio en España.
b) Comunidad Autónoma donde hubieren nacido.
c) Administración General del Estado.
d) Embajada o Consulado español en el país en que residan.

**11. Las directrices e instrucciones técnicas para la formación, mantenimiento y rectificación del Padrón corresponde emanarlas al/a la:**

a) Propio Ayuntamiento Pleno.
b) Administración General del Estado.
c) Comunidad Autónoma.
d) Alcalde.

**12. La organización municipal complementaria que establezca una Comunidad Autónoma con carácter general, respecto a los Municipios de la misma:**

a) Se aplica preferentemente a la establecida con tal carácter por el Estado.
b) Se aplica preferentemente a la establecida por el Reglamento Orgánico de cada Municipio.
c) Se aplica después de la del Estado y la del Reglamento Orgánico.
d) Las respuestas a) y b) son ciertas.

**13. La elección de un Alcalde, tras unas elecciones locales, se efectúa:**

a) Directamente en las elecciones locales.
b) En sesión extraordinaria al efecto.
c) En la sesión constitutiva de la Corporación.
d) Por los vecinos exclusivamente.

**14. La destitución del Presidente de una Corporación Local se efectúa a través de la:**

a) Renuncia.
b) Cuestión de confianza.
c) Moción de censura.
d) Las respuestas b) y c) son ciertas.

**15. ¿Se puede presentar más de una moción de censura contra el mismo Presidente de una Entidad Local?**

a) Sí, cuando prospere una de ellas.
b) Solo en distintos períodos de sesiones.
c) Depende del Reglamento Orgánico de la Entidad.
d) Nada de lo expuesto es cierto.

**16. En una moción de censura contra el Alcalde, puede ser candidato:**

a) Los cabezas de lista.
b) Los portavoces de los Grupos Políticos.
c) Cualquier Concejal cuya aceptación expresa conste en el escrito de proposición de la moción.
d) Ninguno de los anteriores.

**17. Si un Alcalde pierde una cuestión de confianza:**

a) Quedan cesados todos sus miembros.

b) Se procede al nombramiento de otro según las normas aplicadas en el nombramiento del dimitido.

c) Se nombra como tal al primer Teniente de Alcalde.

d) Se hace una nueva sesión constitutiva, tras la celebración de elecciones.

**18. La convocatoria de consultas populares debe autorizarla el/la:**

a) Gobierno de la Nación.

b) Presidente de la Corporación.

c) Comunidad Autónoma.

d) Ninguno de ellos.

**19. La denominada competencia residual, en virtud de la cual se le atribuyen aquellas competencias que no estén expresamente asignadas a otro órgano, la tiene en un Ayuntamiento el/la/las:**

a) Pleno.

b) Comisiones Informativas.

c) Presidente.

d) Junta de Gobierno Local.

**20. Las cuestiones que se susciten entre Municipios sobre deslinde de sus términos municipales serán resueltas por:**

a) La correspondiente Comunidad Autónoma.

b) El Gobierno de España.

c) Las Diputaciones Provinciales.

d) El Consejo de Estado.

En MADTEST tienes **más preguntas de este tema**, y todos tus avances quedan registrados y se reflejan en el ranking.

**¡Supera tus límites con MADTEST!**

# Solución al test n.º 7

**1.** b) Plena.

**2.** c) Paritario.

**3.** c) Está prohibida en nuestro ordenamiento jurídico.

**4.** c) Ayuntamiento respectivo.

**5.** a) Hay que estar empadronado como tal en él.

**6.** b) Hacienda Local.

**7.** b) Alcalde.

**8.** d) Debe figurar todo lo anterior.

**9.** c) Ministerio de Asuntos Económicos y Transformación Digital.

**10.** c) Administración General del Estado.

**11.** b) Administración General del Estado.

**12.** b) Se aplica preferentemente a la establecida por el Reglamento Orgánico de cada Municipio.

**13.** c) En la sesión constitutiva de la Corporación.

**14.** d) Las respuestas b) y c) son ciertas.

**15.** d) Nada de lo expuesto es cierto.

**16.** c) Cualquier Concejal cuya aceptación expresa conste en el escrito de proposición de la moción.

**17.** b) Se procede al nombramiento de otro según las normas aplicadas en el nombramiento del dimitido.

**18.** a) Gobierno de la Nación.

**19.** c) Presidente.

**20.** a) La correspondiente Comunidad Autónoma.

# TEST N.º 8

**La potestad reglamentaria de las entidades locales. Reglamentos y ordenanzas. Procedimiento de elaboración. El reglamento orgánico. Los bandos. Reglamento Orgánico de Gobierno y Administración del Ayuntamiento de Pozuelo de Alarcón**

**1. ¿Cómo se denominan los bandos dictados en desarrollo de las atribuciones del Alcalde para mejor regir y gobernar la vida de la comunidad?**

a) Bandos Ordinarios.
b) Bandos de Gobierno.
c) Bandos de Policía y Buen Gobierno.
d) Bandos de Seguridad y Buen Gobierno.

**2. ¿A quién le corresponde, en los Municipios de gran población, la aprobación de los proyectos de ordenanzas y reglamentos, incluidos los orgánicos, con excepción de las normas reguladoras del Pleno y de sus comisiones?**

a) Al Alcalde.
b) Al Pleno.
c) A la Junta de Gobierno Local.
d) Al Secretario de la Corporación.

**3. Los actos de deterioro grave y relevante de equipamientos, infraestructuras, instalaciones o elementos de un servicio público, constituyen una infracción a las ordenanzas locales de carácter:**

a) Muy grave.
b) Grave.
c) Menos grave.
d) Leve.

**4. Las infracciones leves de las Ordenanzas Locales podrán acarrear una multa de hasta:**

a) 1.500 euros.
b) 1.000 euros.

c) 750 euros.
d) 600 euros.

**5. ¿Cuándo prescribirán las sanciones impuestas por faltas muy graves a las Or-denanzas Locales, si estas no fijaran plazo de prescripción?**

a) A los cinco años.
b) A los tres años.
c) A los dos años.
d) Al año.

**6. El art. 30 de la Ley 40/2015, de 1 de octubre, de Régimen Jurídico del Sector Público, dispone que las infracciones y sanciones prescriban según lo dispuesto en las leyes que las establezcan. Si estas no fijan plazos de prescripción, las infraccio-nes muy graves prescribirán:**

a) A los cinco años.
b) A los tres años.
c) A los dos años.
d) Al año.

**7. ¿Cómo se denominan los bandos que se limitan a recordar el cumplimiento de disposiciones vigentes de carácter legal, publicándose en fechas fijadas de antema-no por la ley y en todos los Municipios?**

a) Bandos generales.
b) Bandos simples.
c) Bandos ordinarios.
d) Bandos periódicos.

**8. ¿Cómo se denominan los bandos dictados en desarrollo de las atribuciones del Alcalde para mejor regir y gobernar la vida de la comunidad?**

a) Bandos de urgencia.
b) Bandos periódicos.
c) Bandos de buena administración.
d) Bandos de policía y buen gobierno.

**9. ¿A qué disposiciones denomina GARCÍA DE ENTERRÍA «reglamentos de necesidad»?**

a) A las Ordenanzas.
b) A los Decretos.
c) A los Reales Decretos.
d) A los Bandos.

**10. Las infracciones a las ordenanzas locales a que se refiere el artículo anterior se clasificarán en:**

a) Muy graves, graves y leves.
b) Muy graves, graves y menos graves.
c) Graves y leves.
d) Muy graves, menos graves, graves y leves.

**11. El impedimento o la grave y relevante obstrucción al normal funcionamiento de un servicio público, constituye una infracción:**

a) Muy grave.
b) Menos grave.
c) Grave.
d) Leve.

**12. Salvo previsión legal distinta, las multas por infracción muy grave a las Ordenanzas locales, se sanciona con una sanción económica de:**

a) Hasta 6.000 euros.
b) Hasta 5.000 euros.
c) Hasta 3.000 euros.
d) Hasta 1.500 euros.

**13. Salvo previsión legal distinta, las multas por infracción leve a las Ordenanzas locales, se sanciona con una sanción económica de:**

a) Hasta 1.000 euros.
b) Hasta 750 euros.
c) Hasta 500 euros.
d) Hasta 300 euros.

**14. Las Ordenanzas fiscales entran en vigor:**

a) En el momento de su publicación definitiva en el Boletín Oficial de la Provincia.
b) A los diez días de su publicación definitiva en el Boletín Oficial de la Provincia.
b) En el momento de su publicación definitiva en el Boletín Oficial del Estado.
d) A los veinte días de su publicación definitiva en el Boletín Oficial del Estado.

**15. Las normas locales que regulan las relaciones entre el Ente Local que las promulga y los ciudadanos a los que se dirigen, se denominan:**

a) Reglamentos.
b) Ordenanzas.
c) Bandos.
d) Recomendaciones.

**16. Por el Pleno de la Corporación se aprobarán inicialmente las Ordenanzas y Reglamentos, como regla general por:**

a) Mayoría de los miembros del Pleno de la Corporación.
b) Mayoría absoluta y con el voto favorable del Presidente de la Corporación.
c) Basta con el voto favorable del Presidente de la Corporación.
d) La Junta de Gobierno, por delegación del Pleno.

**17. Una vez aprobadas inicialmente las Ordenanzas y Reglamentos, se expondrán al público durante un plazo mínimo de:**

a) Cuarenta y cinco días hábiles.
b) Treinta días hábiles.
c) Veinte días naturales.
d) Quince días naturales.

**18. Aprobadas definitivamente las Ordenanzas y Reglamentos, se procederá a su publicación en:**

a) El Boletín Oficial de la Provincia.
b) El Boletín Oficial de la Comunidad Autónoma.
c) El Boletín Oficial del Estado.
d) El Boletín Oficial de la Comunidad Autónoma y en el BOE.

**19. Para la modificación del Reglamento Orgánico de una Corporación, será necesario el voto favorable de/del:**

a) Presidente de la Corporación.
b) La mayoría simple del número legal de miembros de la Corporación.
c) La mayoría absoluta del número legal de miembros de la Corporación.
d) No existe una mayoría establecida.

**20. ¿En qué fecha fue aprobado el Reglamento Orgánico de Gobierno y Administración del Ayuntamiento de Pozuelo de Alarcón?**

a) El 9 de junio de 2008.
b) El 16 de febrero de 2017.
c) El 30 de julio de 2008.
d) El 17 de mayo de 2017.

En MADTEST tienes **más preguntas de este tema**, y todos tus avances quedan registrados y se reflejan en el ranking.

**¡Supera tus límites con MADTEST!**

# Solución al test n.º 8

**1.** c) Bandos de Policía y Buen Gobierno.

**2.** c) A la Junta de Gobierno Local.

**3.** a) Muy grave.

**4.** c) 750 euros.

**5.** b) A los tres años.

**6.** b) A los tres años.

**7.** d) Bandos periódicos.

**8.** d) Bandos de policía y buen gobierno.

**9.** d) A los Bandos.

**10.** a) Muy graves, graves y leves.

**11.** a) Muy grave.

**12.** c) Hasta 3.000 euros.

**13.** b) Hasta 750 euros.

**14.** a) En el momento de su publicación definitiva en el Boletín Oficial de la Provincia.

**15.** b) Ordenanzas.

**16.** a) Mayoría de los miembros del Pleno de la Corporación.

**17.** b) Treinta días hábiles.

**18.** a) El Boletín Oficial de la Provincia.

**19.** c) La mayoría absoluta del número legal de miembros de la Corporación.

**20.** a) El 9 de junio de 2008.

**Ley 39/2015, de 1 de octubre, del Procedimiento Administrativo Común de las Administraciones Públicas (I): De los actos administrativos. Producción y contenido. Motivación. Forma. Eficacia de los actos. Nulidad y anulabilidad. Términos y plazos. Obligación de resolver. El silencio administrativo. Ejecución de los actos en vía administrativa**

**1. El contenido eventual del acto supone:**

a) Que este puede estar condicionado.
b) Que se presume en todos los actos del mismo tipo.
c) Que es connatural con el acto de que se trate.
d) Su carácter reglado.

**2. La compulsión sobre las personas:**

a) Deriva de la propia esencia del acto administrativo.
b) Deriva del principio de ejecutividad de los actos administrativos.
c) Deriva de la posibilidad en manos de la Administración Pública de ejecutar forzosamente algunos actos administrativos.
d) Es similar al lanzamiento administrativo.

**3. Cuando algo necesariamente forma parte de un acto administrativo, hablamos de contenido:**

a) Natural.
b) Legal.
c) Eventual.
d) Implícito.

**5. ¿Cuál es el medio utilizado por la Administración para el cobro de las cantidades líquidas adeudadas a la misma que voluntariamente no han sido abonadas por los obligados a ello?**

a) Apremio sobre el patrimonio.
b) Multa coercitiva.

c) Ejecución subsidiaria.
d) Compulsión sobre las personas.

**6. La regla general cuando un acto infringe el ordenamiento jurídico es:**

a) Su anulabilidad.
b) Su validez temporal.
c) Su nulidad relativa.
d) Las respuestas a) y c) son correctas.

**7. Las resoluciones administrativas que vulneren lo establecido en una disposición reglamentaria son:**

a) Nulas.
b) Válidas.
c) Anulables.
d) Temporalmente válidas.

**8. Las cláusulas accesorias de un acto administrativo forman parte del contenido:**

a) Natural del acto.
b) Implícito del mismo.
c) Legal del acto.
d) Eventual del acto.

**9. La compulsión sobre las personas no procede en los actos que:**

a) Comporten una obligación no personalísima de hacer.
b) Esta obligación sea personalísima de no hacer.
c) Esta obligación sea personalísima de soportar.
d) Se dé cualquiera de las circunstancias anteriores.

**10. Un acto complejo es aquel:**

a) En el que intervienen, sucesivamente, en virtud de la tutela administrativa, dos órganos administrativos.
b) Que se adopta por un órgano colegiado.
c) En cuyo proceso de elaboración se ha evacuado el dictamen de un órgano consultivo.
d) En cuya emisión de voluntad han de intervenir, como mínimo, dos órganos administrativos.

**11. Los efectos de una declaración de nulidad absoluta se producen desde:**

a) Que se notifica el acto anulatorio.
b) El momento de la declaración de la nulidad.
c) La notificación o publicación del acto anulatorio, según los casos.
d) Que se dictó el acto anulado.

**12. Entre los medios de ejecución forzosa no se encuentra el/la:**

a) Desahucio administrativo.
b) Ejecución subsidiaria.
c) Multa coercitiva.
d) Compulsión sobre la persona.

**13. Según dispone el art. 41 LPACAP, las notificaciones se practicarán preferentemente:**

a) Por la vía postal.
b) Telefónicamente.
c) Por medios electrónicos.
d) Por el medio más rápido y económico para la Administración.

**14. Según provengan de un solo órgano administrativo o de dos o más órganos administrativos, los actos administrativos se clasifican en:**

a) Actos únicos y actos múltiples.
b) Actos de trámite y actos complejos.
c) Actos simples y complejos.
d) Actos básicos y actos complejos.

**15. El procedimiento, que es la vía a través de la cual se elabora la declaración de voluntad, deseo, conocimiento o juicio de la Administración, en que consiste el acto, es un elemento del acto administrativo de tipo:**

a) Objetivo.
b) Subjetivo.
c) Formal.
d) Accidental.

**16. ¿Cuándo podrá la Administración Pública convalidar un acto administrativo?**

a) Cuando el vicio consiste en incompetencia jerárquica.
b) Cuando el vicio consiste en incompetencia funcional.
c) Cuando el vicio consiste en incompetencia territorial.
d) En ninguno de los anteriores casos.

**17. Serán motivados, con sucinta referencia de hechos y fundamentos de derecho:**

a) Los actos que se separen del criterio seguido en actuaciones precedentes o del dictamen de órganos consultivos.
b) Los actos que limiten derechos subjetivos o intereses legítimos
c) Los actos que resuelvan procedimientos de revisión de oficio de disposiciones o actos administrativos, recursos administrativos y procedimientos de arbitraje y los que declaren su inadmisión.
d) Todas las respuestas son correctas.

**18. Para que la Administración Pública pueda imponer multas coercitivas contra un ciudadano en vía de ejecución forzosa de los actos administrativos:**

a) Debe existir una norma que se lo permita.
b) Lo puede hacer en cualquier caso.
c) Basta con un reglamento que se lo permita.
d) Debe haber una previsión legal expresa al efecto.

**19. El acto administrativo está sujeto al principio de legalidad:**

a) Siempre.
b) Cuando se trate de actos reglados.
c) Según los casos.
d) No necesariamente.

**20. Cuando la Administración Pública actúa como persona de Derecho Privado:**

a) Solo puede ser controlada por los Tribunales contencioso-administrativos.
b) No dicta actos administrativos.
c) Su actividad es puramente discrecional.
d) Puede actuar sin límite alguno, como cualquier particular.

En MADTEST tienes **más preguntas de este tema**, y todos tus avances quedan registrados y se reflejan en el ranking.

**¡Supera tus límites con MADTEST!**

# Solución al test n.º 9

**1.** a) Que este puede estar condicionado.

**2.** c) Deriva de la posibilidad en manos de la Administración Pública de ejecutar forzosamente algunos actos administrativos.

**3.** a) Natural.

**5.** a) Apremio sobre el patrimonio.

**6.** d) Las respuestas a) y c) son correctas.

**7.** a) Nulas.

**8.** d) Eventual del acto.

**9.** a) Comporten una obligación no personalísima de hacer.

**10.** d) En cuya emisión de voluntad han de intervenir, como mínimo, dos órganos administrativos.

**11.** d) Que se dictó el acto anulado.

**12.** a) Desahucio administrativo.

**13.** c) Por medios electrónicos.

**14.** c) Actos simples y complejos.

**15.** c) Formal.

**16.** a) Cuando el vicio consiste en incompetencia jerárquica.

**17.** d) Todas las respuestas son correctas.

**18.** d) Debe haber una previsión legal expresa al efecto.

**19.** a) Siempre.

**20.** b) No dicta actos administrativos.

**Ley 39/2015, de 1 de octubre, del Procedimiento Administrativo Común de las Administraciones Públicas (II): El procedimiento administrativo común: Concepto. Abstención y recusación. Capacidad de obrar. Concepto de interesado. Representación. Registro electrónico de apoderamientos. Pluralidad de interesados. Identificación y firma de los interesados en el procedimiento administrativo**

**1. En materia de representación, la LPACAP incluye nuevos medios para acreditarla en el ámbito exclusivo de las Administraciones Públicas, como son, entre otros:**

a) El apoderamiento notarial de forma electrónica.
b) El apoderamiento apud acta, presencial o electrónico.
c) El apoderamiento anod actus, presencial o electrónico.
d) El apoderamiento acta omnis, presencial.

**2. La LPACAP establece, con carácter general, la obligación de las Administraciones Públicas de:**

a) No admitir que el interesado pueda presentar con carácter general copias de documentos en soporte papel.
b) No admitir que el interesado pueda presentar con carácter general copias de documentos que hayan sido digitalizadas.
c) Requerir documentos ya aportados por los interesados, elaborados por las Administraciones Públicas o documentos originales.
d) No requerir documentos ya aportados por los interesados, elaborados por las Administraciones Públicas o documentos originales.

**3. La edad mínima para entablar por sí solo relaciones con la Administración Pública es de:**

a) Dieciocho años.
b) Depende de los casos.
c) Veintiún años la mujer casada.
d) Dieciséis años.

**4. La falta o insuficiente acreditación de la representación no impedirá que se tenga por realizado el acto de que se trate, siempre que se aporte aquella o se subsane el defecto dentro del plazo que deberá conceder al efecto el órgano administrativo, de:**

a) Un mes, o de un plazo superior cuando las circunstancias del caso así lo requieran.
b) Veinte días, o de un plazo superior cuando las circunstancias del caso así lo requieran.
c) Quince días, o de un plazo superior cuando las circunstancias del caso así lo requieran.
d) Diez días, o de un plazo superior cuando las circunstancias del caso así lo requieran.

**5. Los poderes inscritos en el registro electrónico de apoderamiento tendrán una validez determinada máxima de:**

a) Diez años a contar desde la fecha de inscripción.
b) Cinco años a contar desde la fecha de inscripción.
c) Tres años a contar desde la fecha de inscripción.
d) Dos años a contar desde la fecha de inscripción.

**6. Señala la respuesta incorrecta respecto a los interesados:**

a) Se consideran interesados en el procedimiento administrativo los que, sin haber iniciado el procedimiento, tengan derechos que puedan resultar afectados por la decisión que en el mismo se adopte.
b) Cuando en una solicitud, escrito o comunicación figuren varios interesados, las actuaciones a que den lugar se efectuarán con el representante o el interesado que expresamente hayan señalado, y, en su defecto, con cualquiera de los demás.
c) Cuando la condición de interesado derivase de alguna relación jurídica transmisible, el derecho-habiente sucederá en tal condición cualquiera que sea el estado del procedimiento.
d) La presentación de una denuncia y la comparecencia en el trámite de información pública, respectivamente, no confieren u otorgan, por sí solas, la condición de interesado en el procedimiento.

**7. En Derecho Administrativo, a diferencia del Derecho Privado, se puede reconocer a los menores de edad:**

a) Capacidad jurídica.
b) Capacidad de obrar.
c) Ambas capacidades.
d) Ninguna de ellas.

**8. Señala la respuesta incorrecta. Las Administraciones Públicas solo requerirán a los interesados el uso obligatorio de firma para:**

a) Presentar declaraciones responsables o comunicaciones.
b) Adquirir derechos.

c) Interponer recursos.
d) Formular solicitudes.

**9. Si durante la instrucción de un procedimiento, se advierte la existencia de personas que sean titulares de derechos o intereses legítimos y directos cuya identificación resulte del expediente y que puedan resultar afectados por la resolución que se dicte:**

a) Se comunicará a dichas personas la tramitación del procedimiento cuando así lo solicite el interesado que inició el procedimiento.
b) Se publicará por edictos.
c) Se comunicará a dichas personas la tramitación del procedimiento cuando este no haya tenido publicidad.
d) No se comunicará, salvo que se presenten en forma legal en el procedimiento.

**10. Con carácter general, para realizar cualquier actuación prevista en el procedimiento administrativo, será suficiente con que los interesados acrediten previamente su identidad a través de cualquiera de los medios de identificación previstos en la Ley 39/2015, de 1 de octubre. Las Administraciones Públicas NO requerirán a los interesados el uso obligatorio de firma para:**

a) Identificar a las autoridades y al personal al servicio de las Administraciones Públicas bajo cuya responsabilidad se tramiten los procedimientos.
b) Desistir de acciones.
c) Presentar declaraciones responsables o comunicaciones.
d) Formular solicitudes.

**11. En relación con la asistencia en el uso de medios electrónicos a los interesados, el art. 12.2 de la Ley 39/2015, de 1 de octubre, dispone que las Administraciones Públicas asistirán en el uso de medios electrónicos:**

a) A quienes ejerzan una actividad profesional para la que se requiera colegiación obligatoria, para los trámites y actuaciones que realicen con las Administraciones Públicas en ejercicio de dicha actividad profesional.
b) A ciertos colectivos de personas físicas que por razón de su capacidad económica, técnica, dedicación profesional u otros motivos quede acreditado que tienen acceso y disponibilidad de los medios electrónicos necesarios.
c) A los empleados de las Administraciones Públicas para los trámites y actuaciones que realicen con ellas por razón de su condición de empleado público.
d) A los interesados no incluidos en los apartados 2 y 3 del artículo 14 de la Ley 39/2015, de 1 de octubre, que así lo soliciten, especialmente en lo referente a la identificación y firma electrónica, presentación de solicitudes a través del registro electrónico general y obtención de copias auténticas.

**12. Si algunos de los interesados no dispone de los medios electrónicos necesarios, su identificación o firma electrónica en el procedimiento administrativo podrá ser válidamente realizada por un funcionario público mediante el uso del sistema de firma electrónica del que esté dotado para ello. En este caso:**

a) Será necesario que el interesado que carezca de los medios electrónicos necesarios se identifique ante el funcionario.

b) Será necesario que el interesado que carezca de los medios electrónicos necesarios se identifique ante el funcionario y preste su consentimiento expreso para esta actuación.

c) Será necesario que el interesado que carezca de los medios electrónicos necesarios se identifique ante el funcionario y preste su consentimiento expreso para esta actuación, de lo que deberá quedar constancia para los casos de discrepancia.

d) Será necesario que el interesado que carezca de los medios electrónicos necesarios se identifique ante el funcionario y preste su consentimiento expreso para esta actuación, de lo que deberá quedar constancia para los casos de discrepancia o litigio.

**13. Señala la opción incorrecta. Las autoridades y el personal al servicio de las Administraciones se abstendrán de intervenir en el procedimiento:**

a) Cuando tengan interés personal en el asunto de que se trate o en otro en cuya resolución pudiera influir la de aquel.

b) Si tienen parentesco de consanguinidad o de afinidad dentro del cuarto grado, con cualquiera de los interesados.

c) Tener amistad íntima con los administradores de entidades o sociedades interesadas o con los asesores, representantes legales o mandatarios que intervengan en el procedimiento.

d) Haber tenido intervención como perito o como testigo en el procedimiento de que se trate.

**14. Señala la opción correcta en relación con la abstención en el procedimiento:**

a) La actuación de autoridades y personal al servicio de las Administraciones Públicas en los que concurran motivos de abstención implicará, necesariamente, la invalidez de los actos en que hayan intervenido.

b) Los órganos jerárquicamente superiores podrán ordenar a las personas en quienes se dé alguna de las circunstancias señaladas en el art. 23 de la LRJSP que se abstengan de toda intervención en el expediente.

c) La no abstención en los casos en que proceda no dará lugar a responsabilidad.

d) La enemistad manifiesta no es motivo de abstención en el procedimiento de una autoridad de la Administración Pública.

**15. En lo concerniente a la recusación, a la que se refiere el art. 24 de la LRJSP:**

a) La recusación deberá promoverse por los interesados antes de que se inicie la tramitación del procedimiento.

b) La recusación se planteará por escrito en el que se expresará la causa o causas en que se funda.

c) Si el recusado niega la causa de recusación, el superior resolverá en el plazo de tres meses, previos los informes y comprobaciones que considere oportunos.

d) Contra las resoluciones adoptadas en esta materia cabe recurso de alzada.

**16. Según la Ley 39/2015 tienen capacidad de obrar ante las Administraciones públicas:**

a) Personas físicas.

b) Personas jurídicas.

c) Menores incapacitados.

d) Las respuestas a) y b) son correctas.

**17. Quienes sean titulares de derechos legítimos individuales se consideran a efectos de la Ley 39/2015:**

a) Administrado.

b) Notificado.

c) Interesado.

d) Ninguna es correcta.

**18. La representación deberá acreditarse:**

a) Para actos de mero trámite.

b) Para formular solicitudes.

c) Para abonar multas y sanciones.

d) Ninguna es correcta.

**19. La representación podrá acreditarse:**

a) Mediante apoderamiento *apud acta*.

b) Mediante carta certificada.

c) Mediante correo electrónico.

d) Todas son correctas.

**20. Las administraciones dispondrán de un registro de apoderamientos denominado:**

a) Registro Electrónico de Apoderamientos de la Administración General del Estado.

b) Registro temático de apoderamientos de la Administración General del Estado.

c) Registro telemático de apoderamientos.

d) Ninguna es correcta.

En MADTEST tienes **más preguntas de este tema**, y todos tus avances quedan registrados y se reflejan en el ranking.

**¡Supera tus límites con MADTEST!**

# Solución al test n.º 10

**1.** b) El apoderamiento apud acta, presencial o electrónico.

**2.** d) No requerir documentos ya aportados por los interesados, elaborados por las Administraciones Públicas o documentos originales.

**3.** b) Depende de los casos.

**4.** d) Diez días, o de un plazo superior cuando las circunstancias del caso así lo requieran.

**5.** b) Cinco años a contar desde la fecha de inscripción.

**6.** b) Cuando en una solicitud, escrito o comunicación figuren varios interesados, las actuaciones a que den lugar se efectuarán con el representante o el interesado que expresamente hayan señalado, y, en su defecto, con cualquiera de los demás.

**7.** b) Capacidad de obrar.

**8.** b) Adquirir derechos.

**9.** c) Se comunicará a dichas personas la tramitación del procedimiento cuando este no haya tenido publicidad.

**10.** a) Identificar a las autoridades y al personal al servicio de las Administraciones Públicas bajo cuya responsabilidad se tramiten los procedimientos.

**11.** d) A los interesados no incluidos en los apartados 2 y 3 del artículo 14 de la Ley 39/2015, de 1 de octubre, que así lo soliciten, especialmente en lo referente a la identificación y firma electrónica, presentación de solicitudes a través del registro electrónico general y obtención de copias auténticas.

**12.** d) Será necesario que el interesado que carezca de los medios electrónicos necesarios se identifique ante el funcionario y preste su consentimiento expreso para esta actuación, de lo que deberá quedar constancia para los casos de discrepancia o litigio.

**13.** b) Si tienen parentesco de consanguinidad o de afinidad dentro del cuarto grado, con cualquiera de los interesados.

**14.** b) Los órganos jerárquicamente superiores podrán ordenar a las personas en quienes se dé alguna de las circunstancias señaladas en el art. 23 de la LRJSP que se abstengan de toda intervención en el expediente.

**15.** b) La recusación se planteará por escrito en el que se expresará la causa o causas en que se funda.

**16.** d)  Las respuestas a) y b) son correctas.

**17.** c) Interesado.

**18.** b) Para formular solicitudes.

**19.** a) Mediante apoderamiento *apud acta*.

**20.** a) Registro Electrónico de Apoderamientos de la Administración General del Estado.

**Ley 39/2015, de 1 de octubre, del Procedimiento Administrativo Común de las Administraciones Públicas (III): El procedimiento administrativo común: Iniciación. Ordenación. Instrucción. Finalización del procedimiento. El procedimiento simplificado. De la revisión de los actos en vía administrativa: Revisión de oficio. Recursos administrativos**

**1. A tenor de lo establecido en la Ley 39/2015, de 1 de octubre, del Procedimiento Administrativo Común de las Administraciones Públicas, indique cuál de estas formas no pone fin al procedimiento administrativo:**

a) La resolución del procedimiento.
b) El desistimiento del derecho en que se funde la solicitud del interesado.
c) La declaración de caducidad del procedimiento.
d) La imposibilidad material de continuarlo por causas sobrevenidas.

**2. Según el artículo 88 de la Ley 39/2015:**

a) Las resoluciones contendrán la decisión, que será motivada en los casos a que se refiere el artículo 34. Expresarán, además, los recursos que contra la misma procedan, órgano administrativo o judicial ante el que hubieran de presentarse y plazo para interponerlos, sin perjuicio de que los interesados puedan ejercitar cualquier otro que estimen oportuno.
b) Las resoluciones contendrán la decisión, que será motivada en los casos a que se refiere el artículo 33. Expresarán, además, los recursos que contra la misma procedan, órgano administrativo o judicial ante el que hubieran de presentarse y plazo para interponerlos, sin perjuicio de que los interesados puedan ejercitar cualquier otro que estimen oportuno.
c) Las resoluciones contendrán la decisión, que será motivada en los casos a que se refiere el artículo 35. Expresarán, además, los recursos que contra la misma procedan, órgano administrativo o judicial ante el que hubieran de presentarse y plazo para interponerlos, sin perjuicio de que los interesados puedan ejercitar cualquier otro que estimen oportuno.
d) Ninguna es correcta.

**3. En el trámite de audiencia los interesados podrán alegar y presentar los documentos y justificaciones que estimen pertinentes en el plazo:**

a) En un plazo no inferior a tres días ni superior a quince.
b) En un plazo no inferior a siete días ni superior a quince.

c) En un plazo no inferior a diez días ni superior a quince.

d) En un plazo no inferior a diez días ni superior a un mes.

**4. El artículo 86 de la LPACAP declara que las Administraciones Públicas podrán celebrar acuerdos, pactos, convenios o contratos con personas tanto de Derecho público como privado, pudiendo tales actos tener la consideración de finalizadores de los procedimientos administrativos siempre que:**

a) Sean contrarios al ordenamiento jurídico.

b) Versen sobre materias no susceptibles de transacción.

c) Tengan por objeto satisfacer el interés público que tienen encomendado.

d) Se publiquen en el diario oficial correspondiente.

**5. Señale la respuesta incorrecta, según el artículo 85 de la Ley 39/2015:**

a) Iniciado un procedimiento sancionador, si el infractor reconoce su responsabilidad, se podrá resolver el procedimiento con la imposición de la sanción que proceda.

b) Cuando la sanción tenga únicamente carácter pecuniario o bien quepa imponer una sanción pecuniaria y otra de carácter no pecuniario pero se ha justificado la improcedencia de la segunda, el pago voluntario por el presunto responsable, en cualquier momento anterior a la resolución, implicará la terminación del procedimiento, salvo en lo relativo a la reposición de la situación alterada o a la determinación de la indemnización por los daños y perjuicios causados por la comisión de la infracción.

c) En ambos casos, cuando la sanción tenga únicamente carácter pecuniario, el órgano competente para resolver el procedimiento aplicará reducciones de, al menos, el 20 % sobre el importe de la sanción propuesta, siendo éstos acumulables entre sí. Las citadas reducciones, deberán estar determinadas en la notificación de iniciación del procedimiento y su efectividad estará condicionada al desistimiento o renuncia de cualquier acción o recurso en vía administrativa contra la sanción.

d) El porcentaje de reducción previsto en este apartado podrá ser incrementado por ley o disposición europea.

**6. En relación a la terminación convencional, indica el artículo 86 de la Ley 39/2015, lo siguiente:**

a) Las Administraciones Públicas deberán celebrar acuerdos, pactos, convenios o contratos con personas tanto de Derecho público como privado, aunque sean contrarios al ordenamiento jurídico y versen sobre materias no susceptibles de transacción y tengan por objeto satisfacer el interés público que tienen encomendado, con el alcance, efectos y régimen jurídico específico que, en su caso, prevea la disposición que lo regule, pudiendo tales actos tener la consideración de finalizadores de los procedimientos administrativos o insertarse en los mismos con carácter previo, vinculante o no, a la resolución que les ponga fin.

b) Los citados instrumentos deberán establecer como contenido mínimo la identificación de las partes intervinientes, el ámbito personal, funcional y territorial, y el plazo de vigencia, debiendo publicarse o no según su naturaleza y las personas a las que estuvieran destinados.

c) Requerirán en algún caso la aprobación expresa del Consejo de Ministros u órgano equivalente de las Comunidades Autónomas, los acuerdos que versen sobre materias de la competencia directa de dicho órgano.

d) Los acuerdos que se suscriban supondrán alteración de las competencias atribuidas a los órganos administrativos, ni de las responsabilidades que correspondan a las autoridades y funcionarios, relativas al funcionamiento de los servicios públicos.

**7. Antes de dictar resolución, el órgano competente para resolver podrá decidir, mediante acuerdo motivado, la realización de:**

a) Las medidas provisionales indispensables para resolver el procedimiento.

b) Las actuaciones complementarias indispensables para resolver el procedimiento.

c) Las cuestiones conexas que aparezcan para resolver el procedimiento.

d) Ninguna es correcta.

**8. Cuando se trate de cuestiones conexas que no hubieran sido planteadas por los interesados, el órgano competente podrá pronunciarse sobre las mismas, poniéndolo antes de manifiesto a aquéllos por un plazo:**

a) No superior a diez días, para que formulen las alegaciones que estimen pertinentes y aporten, en su caso, los medios de prueba.

b) No superior a quince días, para que formulen las alegaciones que estimen pertinentes y aporten, en su caso, los medios de prueba.

c) No superior a veinte días, para que formulen las alegaciones que estimen pertinentes y aporten, en su caso, los medios de prueba.

d) Ninguna es correcta.

**9. El órgano instructor resolverá la finalización del procedimiento, con archivo de las actuaciones, sin que sea necesaria la formulación de la propuesta de resolución, cuando en la instrucción procedimiento se ponga de manifiesto que concurre alguna de las siguientes circunstancias:**

a) La inexistencia de los hechos que pudieran constituir la infracción.

b) Cuando los hechos no resulten acreditados.

c) Cuando los hechos probados no constituyan, de modo manifiesto, infracción administrativa.

d) Todas son correctas.

**10. En los procedimientos sancionadores, cuando la resolución sea ejecutiva, se podrá suspender cautelarmente, si el interesado manifiesta a la Administración su intención de interponer recurso contencioso-administrativo contra la resolución firme en vía administrativa. Dicha suspensión cautelar finalizará cuando:**

a) Haya transcurrido el plazo legalmente previsto sin que el interesado haya interpuesto recurso contencioso-administrativo en el plazo de un mes.

b) Habiendo el interesado interpuesto recurso contencioso-administrativo: 1.º No se haya solicitado en el mismo trámite la suspensión cautelar de la resolución impugnada; 2.º El órgano judicial se pronuncie sobre la suspensión cautelar solicitada, en los términos previstos en ella.

c) Se prevea reglamentariamente.

d) Ninguna es correcta.

**11. Señale la respuesta incorrecta sobre el desistimiento y la renuncia:**

a) Todo interesado podrá desistir de su solicitud o, cuando ello no esté prohibido por el ordenamiento jurídico, renunciar a sus derechos.

b) Si el escrito de iniciación se hubiera formulado por dos o más interesados, el desistimiento o la renuncia sólo afectará a aquellos que la hubiesen formulado.

c) Tanto el desistimiento como la renuncia podrán hacerse por cualquier medio que permita su constancia, siempre que incorpore las firmas que correspondan de acuerdo con lo previsto en la normativa aplicable.

d) La Administración aceptará de plano el desistimiento o la renuncia, y declarará concluso el procedimiento salvo que, habiéndose personado en el mismo, terceros interesados, instasen éstos su continuación en el plazo de quince días desde que fueron notificados del desistimiento o renuncia.

**12. Si transcurre el plazo de 6 meses desde el inicio, de oficio, del procedimiento de revisión de oficio de actos dictados por órgano manifiestamente incompetente por razón de la materia o del territorio, sin dictarse resolución se entenderá:**

a) La suspensión indefinida del acto.

b) La caducidad del procedimiento.

c) La nulidad del acto.

d) La suspensión del procedimiento.

**13. Según la LPACAP, ¿podrán los interesados interponer recursos de alzada y potestativo de reposición contra los actos de trámite?**

a) Sí, en cualquier caso.

b) Sí, cuando estos decidan directa o indirectamente sobre el fondo del asunto, determinen la imposibilidad de continuar el procedimiento, produzcan indefensión o perjuicio irreparable a derechos e intereses legítimos.

c) Únicamente cuando produzcan indefensión.

d) Únicamente cuando un juez lo permita.

**14. A tenor del artículo 92 LPACAP, en el ámbito de la Administración General del Estado, los procedimientos de responsabilidad patrimonial se resolverán por:**

a) El Ministro respectivo.

b) El Presidente del Gobierno.

c) El Consejo de Ministros.
d) Son correctas a) y c).

**15. Los informes serán emitidos a través de medios electrónicos y de acuerdo con los requisitos que señala el artículo 26 de la Ley 39/2015 en el plazo de:**

a) 7 días.
b) 10 días.
c) 15 días.
d) 20 días.

**16. En el caso de los procedimientos de responsabilidad patrimonial será preceptivo solicitar informe al servicio cuyo funcionamiento haya ocasionado la presunta lesión indemnizable, no pudiendo exceder de:**

a) 10 días el plazo de su emisión.
b) 15 días el plazo de su emisión.
c) 20 días el plazo de su emisión.
d) 30 días el plazo de su emisión.

**17. Cuando las indemnizaciones reclamadas sean de cuantía igual o superior a 50.000 euros o a la que se establezca en la correspondiente legislación autonómica, así como en aquellos casos que disponga la Ley Orgánica 3/1980, de 22 de abril, del Consejo de Estado, será preceptivo solicitar dictamen del:**

a) Consejo de Estado.
b) Órgano consultivo de la Comunidad Autónoma.
c) Consejo de Estado o, en su caso, del órgano consultivo de la Comunidad Autónoma
d) Ninguna es correcta.

**18. En el caso de reclamaciones en materia de responsabilidad patrimonial del Estado por el funcionamiento anormal de la Administración de Justicia, será preceptivo el informe del Consejo General del Poder Judicial que será evacuado en el plazo máximo de:**

a) Un mes.
b) Dos meses.
c) Tres meses.
d) Quince días.

**19. Respecto a los actos de instrucción:**

a) El órgano instructor adoptará las medidas necesarias para lograr el pleno respeto a los principios de contradicción y de igualdad de los interesados en el procedimiento.

b) Los actos de instrucción que requieran la intervención de los interesados habrán de practicarse en la forma que sea compatible, en la medida de lo posible, con sus obligaciones laborales o profesionales.

c) Las aplicaciones y sistemas de información utilizados para la instrucción de los procedimientos deberán garantizar el control de los tiempos y plazos.

d) Todas son correctas.

**20. Según el artículo 76, los interesados podrán, en cualquier momento del procedimiento anterior al trámite de audiencia:**

a) Aducir alegaciones.
b) Aportar documentos.
c) Aportar otros elementos de juicio.
d) Todas son correctas.

En MADTEST tienes **más preguntas de este tema**, y todos tus avances quedan registrados y se reflejan en el ranking.

**¡Supera tus límites con MADTEST!**

# Solución al test n.º 11

**1.** b) El desistimiento del derecho en que se funde la solicitud del interesado.

**2.** c) Las resoluciones contendrán la decisión, que será motivada en los casos a que se refiere el artículo 35. Expresarán, además, los recursos que contra la misma procedan, órgano administrativo o judicial ante el que hubieran de presentarse y plazo para interponerlos, sin perjuicio de que los interesados puedan ejercitar cualquier otro que estimen oportuno.

**3.** c) En un plazo no inferior a diez días ni superior a quince.

**4.** c) Tengan por objeto satisfacer el interés público que tienen encomendado.

**5.** d) El porcentaje de reducción previsto en este apartado podrá ser incrementado por ley o disposición europea.

**6.** b) Los citados instrumentos deberán establecer como contenido mínimo la identificación de las partes intervinientes, el ámbito personal, funcional y territorial, y el plazo de vigencia, debiendo publicarse o no según su naturaleza y las personas a las que estuvieran destinados.

**7.** b) Las actuaciones complementarias indispensables para resolver el procedimiento.

**8.** b) No superior a quince días, para que formulen las alegaciones que estimen pertinentes y aporten, en su caso, los medios de prueba.

**9.** d) Todas son correctas.

**10.** b) Habiendo el interesado interpuesto recurso contencioso-administrativo: 1.º No se haya solicitado en el mismo trámite la suspensión cautelar de la resolución impugnada; 2.º El órgano judicial se pronuncie sobre la suspensión cautelar solicitada, en los términos previstos en ella.

**11.** d) La Administración aceptará de plano el desistimiento o la renuncia, y declarará concluso el procedimiento salvo que, habiéndose personado en el mismo, terceros interesados, insten éstos su continuación en el plazo de quince días desde que fueron notificados del desistimiento o renuncia.

**12.** b) La caducidad del procedimiento.

**13.** b) Sí, cuando estos decidan directa o indirectamente sobre el fondo del asunto, determinen la imposibilidad de continuar el procedimiento, produzcan indefensión o perjuicio irreparable a derechos e intereses legítimos.

**14.** d) Son correctas a) y c).

**15.** b) 10 días.

**16.** a) 10 días el plazo de su emisión.

**17.** c) Consejo de Estado o, en su caso, del órgano consultivo de la Comunidad Autónoma.

**18.** b) Dos meses.

**19.** d) Todas son correctas.

**20.** d) Todas son correctas.

# TEST N.º 12

**La regulación de la Administración en la Ley 40/2015, de 1 de octubre, de Régimen Jurídico del Sector Público: Principios de actuación y funcionamiento. Los órganos de las administraciones públicas: especial referencia a los órganos colegiados. La atribución de competencias a los órganos administrativos: delegación, avocación, encomienda de gestión, delegación de firma y suplencia**

**1. En cuanto a la competencia de los órganos administrativos:**

a) La competencia es renunciable por los órganos que la tengan atribuida.

b) La titularidad y el ejercicio de las competencias atribuidas a los órganos administrativos no podrán ser desconcentradas en otros jerárquicamente dependientes de aquellos.

c) La encomienda de gestión, la delegación de firma y la suplencia no suponen alteración de la titularidad de la competencia, aunque sí de los elementos determinantes de su ejercicio que en cada caso se prevén.

d) Si alguna disposición atribuye competencia a una Administración, sin especificar el órgano que debe ejercerla, se entenderá que la facultad de instruir y resolver los expedientes corresponde a los órganos superiores competentes por razón de la materia y del territorio.

**2. En referencia a los órganos administrativos, podrán delegar competencias relativas a:**

a) Asuntos que se refieran a relaciones con la Jefatura del Estado.

b) La adopción de disposiciones de carácter general.

c) La resolución de recursos en los órganos administrativos que hayan dictado los actos objeto de recurso.

d) El ejercicio de la potestad sancionadora.

**3. En relación con la delegación de competencias entre órganos administrativos, no es cierto que:**

a) La delegación puede ser revocada en cualquier momento por el órgano que la haya conferido.

b) La delegación de competencias atribuidas a órganos colegiados, para cuyo ejercicio ordinario se requiera un quórum especial, deberá adoptarse observando, en todo caso, dicho quórum.

c) Las competencias que se ejercen por delegación pueden ser delegadas.

d) No podrán ser delegadas aquellas materias en que así se determine por norma con rango de ley.

**4. En cuanto a la delegación de firma, es cierto que:**

a) La delegación de firma altera la competencia del órgano delegante.

b) Para su validez es necesaria su publicación.

c) Solo puede delegarse la firma en materias que se ostenten por atribución.

d) En las resoluciones y actos que se firmen por delegación se hará constar la autoridad de procedencia.

**5. En relación con los conflictos de atribuciones entre órganos administrativos, no es cierto que:**

a) El órgano administrativo que se estime incompetente para la resolución de un asunto remitirá directamente las actuaciones al órgano que considere competente.

b) Los interesados que sean parte en el procedimiento podrán dirigirse al órgano que se encuentre conociendo de un asunto para que decline su competencia y remita las actuaciones al órgano competente.

c) Los interesados podrán dirigirse al órgano que estimen competente para que requiera de inhibición al que esté conociendo del asunto.

d) Los conflictos de atribuciones solo podrán suscitarse entre órganos de una misma Administración relacionados jerárquicamente.

**6. En relación con las instrucciones y órdenes de servicio, no es cierto que:**

a) El incumplimiento de las instrucciones u órdenes de servicio supone la invalidez de los actos dictados por los órganos administrativos.

b) Son normas de carácter interno, que no han de afectar a los administrados.

c) No requieren un especial procedimiento de elaboración.

d) Su cumplimiento se subordina al conocimiento de las mismas por sus destinatarios.

**7. Señala la respuesta incorrecta. Las autoridades y el personal al servicio de las Administraciones se abstendrán de intervenir en el procedimiento:**

a) Cuando tengan interés personal en el asunto de que se trate o en otro en cuya resolución pudiera influir la de aquel.

b) Si tienen parentesco de consanguinidad o de afinidad dentro del cuarto grado, con cualquiera de los interesados.

c) Tener amistad íntima con los administradores de entidades o sociedades interesadas o con los asesores, representantes legales o mandatarios que intervengan en el procedimiento.

d) Haber tenido intervención como perito o como testigo en el procedimiento de que se trate.

**8. Señala la respuesta correcta en relación con la abstención en el procedimiento:**

a) La actuación de autoridades y personal al servicio de las Administraciones Públicas en los que concurran motivos de abstención implicará, necesariamente, la invalidez de los actos en que hayan intervenido.

b) Los órganos jerárquicamente superiores podrán ordenar a las personas en quienes se dé alguna de las circunstancias señaladas en el art. 23 de la LRJSP que se abstengan de toda intervención en el expediente.

c) La no abstención en los casos en que proceda no dará lugar a responsabilidad.

d) La enemistad manifiesta no es motivo de abstención en el procedimiento de una autoridad de la Administración Pública.

**9. En lo concerniente a la recusación, a la que se refiere el art. 24 de la LRJSP:**

a) La recusación deberá promoverse por los interesados antes de que se inicie la tramitación del procedimiento.

b) La recusación se planteará por escrito en el que se expresará la causa o causas en que se funda.

c) Si el recusado niega la causa de recusación, el superior resolverá en el plazo de tres meses, previos los informes y comprobaciones que considere oportunos.

d) Contra las resoluciones adoptadas en esta materia cabe recurso de alzada.

**10. Los órganos administrativos podrán dirigir las actividades de sus órganos jerárquicamente dependientes mediante:**

a) Instrucciones y Órdenes de servicio.

b) Circulares.

c) Notas de servicio y Recomendaciones.

d) Directrices y Avisos.

**11. De conformidad con el artículo 8 de la Ley 40/2015, de 1 de octubre, de Régimen Jurídico del Sector Público, la competencia para el dictado de actos administrativos:**

a) Es irrenunciable y siempre se ejercerá por los órganos administrativos que la tengan atribuida como propia.

b) Se puede delegar en todo caso.

c) Es irrenunciable y se ejercerá por los órganos administrativos que la tengan atribuida como propia, salvo los casos de delegación o avocación, en los términos previstos en la ley.

d) Es irrenunciable y se ejercerá por los órganos administrativos que la tengan atribuida como propia, salvo los casos de delegación de firma o suplencia, en los términos previstos en la ley.

**12. En ningún caso podrán ser objeto de delegación, tal y como dispone la Ley 40/2015, de 1 de octubre, competencias relativas a:**

a) La resolución de los recursos de alzada.

b) La adopción de disposiciones de carácter general.

c) Las resoluciones en materia de personal.
d) Las resoluciones de responsabilidad patrimonial.

**13. Según dispone el artículo 23 de la Ley 40/2015, de 1 de octubre, de Régimen Jurídico del Sector Público, es motivo de abstención:**

a) Tener interés personal en el asunto de que se trate o en otro en cuya resolución pudiera influir la de aquel, ser administrador de sociedad o entidad interesada, o tener cuestión litigiosa pendiente con algún interesado.
b) Tener parentesco de consanguinidad dentro del cuarto grado o de afinidad dentro del tercero, con cualquiera de los interesados, con los administradores de entidades o sociedades interesadas o con sus asesores o representantes legales.
c) Haber prestado servicios profesionales de cualquier tipo y en cualquier circunstancia o lugar en los cinco últimos años a persona natural interesada directamente en el asunto.
d) Haber prestado servicios profesionales de cualquier tipo y en cualquier circunstancia o lugar en los cinco últimos años a persona jurídica interesada directamente en el asunto.

**14. La recusación de acuerdo con el artículo 24 de la Ley 40/2015, de 1 de octubre, de Régimen Jurídico del Sector Público, la promueve:**

a) La autoridad.
b) El superior jerárquico de la autoridad o funcionario.
c) El interesado.
d) El funcionario.

**15. Según dispone el artículo 23 de la Ley 40/2015, de 1 de octubre, de Régimen Jurídico del Sector Público, NO es un motivo de abstención:**

a) Haber tenido intervención como perito en el procedimiento de que se trate.
b) Tener parentesco de afinidad dentro del segundo grado, con cualquiera de los interesados, con los administradores de entidades o sociedades interesadas y también con los asesores, representantes legales o mandatarios que intervengan en el procedimiento.
c) Tener parentesco de afinidad dentro del cuarto grado, con cualquiera de los interesados, con los administradores de entidades o sociedades interesadas y también con los asesores, representantes legales o mandatarios que intervengan en el procedimiento.
d) Haber tenido intervención como testigo en el procedimiento de que se trate.

**16. La competencia de los órganos administrativos:**

a) Es renunciable.
b) Es anulable.
c) Es irrenunciable.
d) Ninguna es correcta.

**17. La delegación de competencias, las encomiendas de gestión, la delegación de firma y la suplencia:**

a) No suponen alteración de la titularidad de la competencia.
b) Suponen alteración de la titularidad de la competencia.
c) Suponen dejación de funciones.
d) Ninguna es correcta.

**18. La titularidad y el ejercicio de las competencias atribuidas a los órganos administrativos podrán ser:**

a) Desconcentradas en otros jerárquicamente dependientes de aquellos.
b) Descentralizadas.
c) Convocadas en boletines oficiales.
d) Todas son correctas.

**19. Si alguna disposición atribuye la competencia a una Administración, sin especificar el órgano que debe ejercerla, se entenderá que la facultad de instruir y resolver los expedientes corresponde a:**

a) Los órganos superiores competentes por razón de la materia y del territorio.
b) Los órganos inferiores competentes por razón de la materia y del territorio.
c) Los órganos superiores competentes por razón de la materia.
d) Los órganos inferiores competentes por razón del territorio.

**20. En el ámbito de la Administración General del Estado, la delegación de competencias deberá ser aprobada:**

a) Previamente por el órgano ministerial de quien dependa el órgano delegante.
b) Posteriormente por el órgano ministerial de quien dependa el órgano delegante.
c) Por la comisión delegada del gobierno que corresponda.
d) Ninguna es correcta.

En MADTEST tienes **más preguntas de este tema**, y todos tus avances quedan registrados y se reflejan en el ranking.

**¡Supera tus límites con MADTEST!**

# Solución al test n.º 12

**1.** c) La encomienda de gestión, la delegación de firma y la suplencia no suponen alteración de la titularidad de la competencia, aunque sí de los elementos determinantes de su ejercicio que en cada caso se prevén.

**2.** d) El ejercicio de la potestad sancionadora.

**3.** c) Las competencias que se ejercen por delegación pueden ser delegadas.

**4.** d) En las resoluciones y actos que se firmen por delegación se hará constar la autoridad de procedencia.

**5.** d) Los conflictos de atribuciones sólo podrán suscitarse entre órganos de una misma Administración relacionados jerárquicamente.

**6.** a) El incumplimiento de las instrucciones u órdenes de servicio supone la invalidez de los actos dictados por los órganos administrativos.

**7.** b) Si tienen parentesco de consanguinidad o de afinidad dentro del cuarto grado, con cualquiera de los interesados.

**8.** b) Los órganos jerárquicamente superiores podrán ordenar a las personas en quienes se dé alguna de las circunstancias señaladas en el art. 23 de la LRJSP que se abstengan de toda intervención en el expediente.

**9.** b) La recusación se planteará por escrito en el que se expresará la causa o causas en que se funda.

**10.** a) Instrucciones y Órdenes de servicio.

**11.** c) Es irrenunciable y se ejercerá por los órganos administrativos que la tengan atribuida como propia, salvo los casos de delegación o avocación, en los términos previstos en la ley.

**12.** b) La adopción de disposiciones de carácter general.

**13.** a) Tener interés personal en el asunto de que se trate o en otro en cuya resolución pudiera influir la de aquel, ser administrador de sociedad o entidad interesada, o tener cuestión litigiosa pendiente con algún interesado.

**14.** c) El interesado.

**15.** c) Tener parentesco de afinidad dentro del cuarto grado, con cualquiera de los interesados, con los administradores de entidades o sociedades interesadas y también con los asesores, representantes legales o mandatarios que intervengan en el procedimiento.

**16.** c) Es irrenunciable.

**17.** a) No suponen alteración de la titularidad de la competencia.

**18.** a) Desconcentradas en otros jerárquicamente dependientes de aquellos.

**19.** b) Los órganos inferiores competentes por razón de la materia y del territorio.

**20.** a) Previamente por el órgano ministerial de quien dependa el órgano delegante.

**Funcionamiento electrónico del sector público en la Ley 40/2015, de 1 de octubre, de Régimen Jurídico del Sector Público. Real Decreto 203/2021, de 30 de marzo, por el que se aprueba el Reglamento de actuación y funcionamiento del sector público por medios electrónicos**

**1. ¿Cuál es el órgano técnico de cooperación de la Administración General del Estado, de las Administraciones de las Comunidades Autónomas y de las Entidades Locales en materia de administración electrónica?**

a) El Consejo Técnico de Cooperación de administración electrónica.
b) La Comisión Sectorial de administración electrónica.
c) La Conferencia Sectorial de Administración Pública.
d) El Comité Sectorial de administración electrónica.

**2. ¿De quién depende la Comisión Sectorial de Administración Electrónica a tenor de la Ley 40/2015, de 1 de octubre, de Régimen Jurídico del Sector Público?**

a) De la Federación Española de Municipios y Provincias.
b) De la Secretaría General de Administración Digital.
c) De la Conferencia Sectorial de Administración Pública.
d) Del Secretario General de Administración Digital del Ministerio para la Transformación Digital y de la Función Pública.

**3. Señala una de las funciones que desarrolla la Comisión Sectorial de la administración electrónica:**

a) Impulsar el desarrollo de la administración electrónica en España.
b) Asegurar la cooperación entre las Administraciones Públicas para proporcionar información administrativa clara, actualizada e inequívoca.
c) Asegurar la compatibilidad e interoperabilidad de los sistemas y aplicaciones empleados por las Administraciones Públicas.
d) Todas las respuestas son correctas.

**4. ¿Cómo se denomina, a tenor del art. 39 de la Ley 40/2015, de 1 de octubre, de Régimen Jurídico del Sector Público, al punto de acceso electrónico cuya titularidad corresponda a una Administración Pública, organismo público o entidad de Derecho Público que permite el acceso a través de internet a la información publicada y, en su caso, a la sede electrónica correspondiente?**

a) Portal web.
b) Punto de acceso de internet.
c) Portal electrónico digital.
d) Portal de internet.

**5. ¿Dónde se regulan los aspectos estrictamente procedimentales del funcionamiento electrónico del sector público?**

a) En la Ley 39/2015, de 1 de octubre, del Procedimiento Administrativo Común de las Administraciones Públicas.
b) En la Ley 40/2015, de 1 de octubre, de Régimen Jurídico del Sector Público.
c) En la Ley 56/2007, de 28 de diciembre, de Medidas de Impulso de la Sociedad de la Información.
d) En la Ley 6/2020, de 11 de noviembre, reguladora de determinados aspectos de los servicios electrónicos de confianza.

**6. ¿Cuál de los siguientes datos deberán de incluir los certificados electrónicos que utilicen las Administraciones Públicas para identificarse mediante el uso de un sello electrónico?**

a) La denominación correspondiente.
b) El número de identificación fiscal.
c) La identidad de la persona titular en el caso de los sellos electrónicos de órganos administrativos.
d) Todas las respuestas anteriores son correctas.

**7. Cualquier acto o actuación realizada íntegramente a través de medios electrónicos por una Administración Pública en el marco de un procedimiento administrativo y en la que no haya intervenido de forma directa un empleado público, se denomina a tenor del art. 41 de la Ley 40/2015, de 1 de octubre, de Régimen Jurídico del Sector Público, como:**

a) Actuación administrativa electrónica.
b) Actuación administrativa digital.
c) Actuación administrativa automatizada.
d) Actuación administrativa virtual.

**8. Señala la respuesta incorrecta respecto al intercambio electrónico de datos en entornos cerrados de comunicación:**

a) Cuando los participantes en las comunicaciones pertenezcan a una misma Administración Pública, esta determinará las condiciones y garantías por las que se regirá.

b) Deberá garantizarse en todo caso la seguridad del entorno cerrado de comunicaciones y la protección de los datos que se transmitan.

c) Serán considerados válidos a efectos de autenticación los documentos electrónicos transmitidos en entornos cerrados de comunicaciones establecidos entre Administraciones Públicas, órganos, organismos públicos y entidades de derecho público, aunque no lo serán a efectos de identificación de los emisores y receptores.

d) Cuando los participantes pertenezcan a distintas Administraciones, las condiciones y garantías para el intercambio electrónico de datos se establecerán mediante convenio suscrito entre aquellas.

**9. Los medios o soportes en que se almacenen documentos, deberán contar con medidas de seguridad, de acuerdo con lo previsto en el Esquema Nacional de Seguridad, que garanticen respecto de los documentos almacenados:**

a) La integridad, autenticidad, confidencialidad, seguridad y conservación de los documentos.

b) La integridad, autenticidad, confidencialidad, calidad, garantía y conservación de los documentos.

c) La integridad, autenticidad, confidencialidad, calidad, protección y conservación de los documentos.

d) La invulnerabilidad, autenticidad, confidencialidad, calidad, seguridad y conservación de los documentos.

**10. La capacidad de los sistemas de información de compartir datos y posibilitar el intercambio de información entre ellos responde al principio de:**

a) Adaptabilidad a las nuevas tecnologías.
b) Interoperabilidad.
c) Proactividad.
d) Facilidad.

**11. ¿Cuál de los siguientes sujetos no está obligado a relacionarse electrónicamente con las Administraciones Públicas?**

a) Las entidades sin personalidad jurídica.
b) Las personas jurídicas.
c) Los que actúen en calidad de representantes de un interesado.
d) Los colegiados ejercientes de una actividad profesional en ejercicio de dicha actividad.

**12. El punto de acceso electrónico cuya titularidad corresponda a una Administración Pública que permite el acceso a través de internet a la información se denomina:**

a) Sede electrónica.
b) Portal de internet.
c) Oficina virtual.
d) Sede virtual.

**13. La denominada "Carpeta ciudadana" es:**

a) El Punto de Acceso de la Administración General del Estado.
b) El área personalizada de las personas interesadas en su relación con el sector público estatal.
c) La sede electrónica de la Administración General del Estado.
d) La dirección habilitada para las notificaciones electrónicas.

**14. ¿Como se denomina a la dirección electrónica disponible para la ciudadanía por medio de redes de telecomunicaciones que permite realizar actuaciones y trámites con las Administraciones Públicas?**

a) Sede electrónica.
b) Punto de Acceso.
c) Portal de internet.
d) Cualquiera de las anteriores.

**15. ¿Qué es una sede electrónica asociada?**

a) Una sede electrónica a todos los efectos.
b) Una dirección útil exclusivamente para los funcionarios habilitados y profesionales.
c) Un punto de acceso de un Organismo dependiente.
d) La sede habilitada exclusivamente para las relaciones interadministrativas.

**16. ¿Cuál de los siguientes servicios no es necesario que dispongan las sedes electrónicas?**

a) Enlace para la formulación de sugerencias y quejas.
b) De expedición de copias auténticas.
c) De verificación de los certificados de la sede electrónica y sellos electrónicos de los órganos públicos.
d) De comprobación de la autenticidad e integridad de los documentos.

**17. ¿Qué órgano público es responsable de la integridad, veracidad y actualización de la información y los servicios de su competencia a los que pueda accederse a través de la sede electrónica?**

a) El funcionario habilitado.
b) El titular de la misma.

c) Ministerio de Asuntos Económicos y Transformación Digital.

d) Ministerio de Política Territorial y Función Pública.

**18. ¿Qué ocurre si un sujeto obligado a relacionarse con la Administración electrónicamente no lo hiciere al formular solicitud de iniciación de un procedimiento administrativo?**

a) Se le tiene por desistido de su solicitud.

b) Se le tiene por no presentada la solicitud misma.

c) Se le declara decaído en su derecho al trámite correspondiente.

d) Se le requiere por plazo de 10 días para que susane la solicitud.

**19. ¿Y si además de el defecto anunciado en la pregunta anterior, y subsanado este, contuviese otro igualmente subsanable?**

a) Ahora sí, se le tiene por desistido.

b) No es posible este supuesto, pues ya con la comisión del defecto anterior se le tuvo por no presentada la solicitud.

c) En este caso, se le declara decaído en su derecho.

d) Se le vuelve a requerir para que lo subsane en el plazo de 10 días, prorrogables por otros 5 días.

**20. Los interesados podrán identificarse y firmar en los procedimientos administrativos mediante sistemas basados en certificados electrónicos reconocidos o cualificados de firma o sello electrónicos:**

a) Expedidos en cualquier estado miembro de la Unión Europea.

b) Pero sólo si están expedidos por una Administración Pública estatal.

c) Expedidos por prestadores incluidos en la Lista de confianza de prestadores de servicios de certificación.

d) No es posible.

En MADTEST tienes **más preguntas de este tema**, y todos tus avances quedan registrados y se reflejan en el ranking.

**¡Supera tus límites con MADTEST!**

# Solución al test n.º 13

**1.** b) La Comisión Sectorial de administración electrónica.

**2.** c) De la Conferencia Sectorial de Administración Pública.

**3.** d) Todas las respuestas son correctas.

**4.** d) Portal de internet.

**5.** a) En la Ley 39/2015, de 1 de octubre, del Procedimiento Administrativo Común de las Administraciones Públicas.

**6.** d) Todas las respuestas anteriores son correctas.

**7.** c) Actuación administrativa automatizada.

**8.** c) Serán considerados válidos a efectos de autenticación los documentos electrónicos transmitidos en entornos cerrados de comunicaciones establecidos entre Administraciones Públicas, órganos, organismos públicos y entidades de derecho público, aunque no lo serán a efectos de identificación de los emisores y receptores.

**9.** c) La integridad, autenticidad, confidencialidad, calidad, protección y conservación de los documentos.

**10.** b) Interoperabilidad.

**11.** c) Los que actúen en calidad de representantes de un interesado.

**12.** b) Portal de internet.

**13.** b) El área personalizada de las personas interesadas en su relación con el sector público estatal.

**14.** a) Sede electrónica.

**15.** a) Una sede electrónica a todos los efectos.

**16.** b) De expedición de copias auténticas.

**17.** b) El titular de la misma.

**18.** d) Se le requiere por plazo de 10 días para que susane la solicitud.

**19.** d) Se le vuelve a requerir para que lo subsane en el plazo de 10 días, prorrogables por otros 5 días.

**20.** c) Expedidos por prestadores incluidos en la Lista de confianza de prestadores de servicios de certificación.

# TEST N.º 14

**Ley 9/2017, de 8 de noviembre, de Contratos del Sector Público: Objeto y ámbito de aplicación. Contratos del sector público. Órganos de contratación en las Entidades Locales. Expediente de contratación. Pliego de cláusulas administrativas y prescripciones técnicas. Selección del contratista y adjudicación de los contratos. Procedimiento de adjudicación. Publicidad. Licitación y selección del adjudicatario. Formalización del contrato. Garantías exigibles en la contratación del sector público**

**1. Uno de los objetos de la Ley 9/2017, de Contratos del Sector Público (LCSP), es asegurar una eficiente utilización de los fondos destinados a la realización de obras, la adquisición de bienes y la contratación de servicios mediante la exigencia de la definición previa de las necesidades a satisfacer, la salvaguarda de la libre competencia y la selección de la oferta económicamente más ventajosa, todo ello en conexión con el objetivo de estabilidad presupuestaria y control del gasto, y el principio de:**

a) Integridad.
b) Transparencia.
c) Efectividad.
d) Objetividad.

**2. Señala la respuesta incorrecta. La Ley 9/2017, tal como dispone su artículo 1, tiene por objeto regular la contratación del sector público, a fin de asegurar, en conexión con el objetivo de estabilidad presupuestaria y control del gasto, y el principio de integridad una eficiente utilización de los fondos destinados a la realización de obras, la adquisición de bienes y la contratación de servicios mediante:**

a) La exigencia de la definición previa de las necesidades a satisfacer.
b) La transparencia de los procedimientos de adjudicación.
c) La salvaguarda de la libre competencia.
d) La selección de la oferta económicamente más ventajosa.

**3. Señala la respuesta incorrecta. La Ley 9/2017, tal como dispone su artículo 1, tiene por objeto regular la contratación del sector público, a fin de garantizar que la misma se ajusta a los principios de:**

a) Libertad de acceso a las licitaciones.
b) Publicidad y transparencia de los procedimientos.
c) Responsabilidad por daños y perjuicios causados a terceros.
d) No discriminación e igualdad de trato entre los licitadores.

**4. En toda contratación pública se incorporarán de manera transversal y preceptiva criterios sociales y medioambientales:**

a) En todo caso.
b) Siempre que guarde relación con el objeto del contrato.
c) Siempre que se garantice la relación calidad-precio.
d) Siempre que sea posible.

**5. Señala la respuesta incorrecta. A efectos de la Ley 9/2017, de Contratos del Sector Público, se consideran poderes adjudicadores:**

a) Las mutuas colaboradoras con la Seguridad Social.
b) Las fundaciones públicas.
c) Las entidades con personalidad jurídica propia que hayan sido creadas específicamente para satisfacer necesidades de interés general que tengan carácter industrial o mercantil.
d) Los Organismos Autónomos, las Universidades Públicas y las autoridades administrativas independientes.

**6. Se entenderá que un contrato tiene carácter oneroso en los casos en que:**

a) El contratista obtenga algún tipo de beneficio económico de forma directa.
b) El órgano contratante obtenga algún tipo de beneficio económico.
c) El contratista obtenga algún tipo de beneficio económico, ya sea de forma directa o indirecta.
d) El contratista obtenga algún beneficio, sea económico o no.

**7. Los consorcios y otras entidades de derecho público se consideran Administraciones Públicas a efectos de la Ley 9/2017, de Contratos del Sector Público, si se dan las circunstancias establecidas para poder ser considerados poder adjudicador y estando vinculados a una o varias Administraciones Públicas o dependientes de las mismas, no se financien mayoritariamente:**

a) Con subvenciones.
b) Con ingresos de mercado.

c) Con tasas e impuestos.
d) Cualquier tipo de ingreso público.

**8. En relación al expediente de contratación, NO es cierto que:**

a) El expediente deba referirse a la totalidad del objeto del contrato.
b) En todo caso, se han de incorporar al expediente el pliego de cláusulas administrativas particulares y el de prescripciones generales.
c) Debe incorporarse al expediente el certificado de existencia de crédito.
d) El expediente se iniciará por el órgano de contratación, que ha de motivar la necesidad del contrato.

**9. En qué tipo de contratos se ha de justificar adecuadamente en el expediente el informe de insuficiencia de medios:**

a) En los contratos de servicios.
b) En los contratos de suministros.
c) En los contratos de concesión de obras.
d) En los contratos de obras.

**10. Las prescripciones técnicas de los contratos:**

a) Proporcionarán a los empresarios acceso en condiciones de igualdad al procedimiento de contratación.
b) Tienen por efecto la creación de obstáculos, justificados o no, a la apertura de la contratación pública a la competencia.
c) Son especificaciones de cumplimiento voluntario aprobadas por organismos de normalización.
d) Son documentos elaborados por los organismos europeos de normalización, distintos de las normas europeas, con arreglo a procedimientos adaptados a la evolución de las necesidades del mercado.

**11. En relación a las consultas preliminares del mercado para la preparación del contrato, es cierto que:**

a) De las consultas realizadas se ha de intentar obtener un objeto contractual tan concreto y delimitado que únicamente se ajuste a las características técnicas de uno de los consultados.
b) Las consultas realizadas podrán comportar ventajas respecto de la adjudicación del contrato para las empresas participantes en aquellas.
c) Durante el proceso de consultas, el órgano de contratación podrá revelar a los participantes en el mismo las soluciones propuestas por los otros participantes.
d) Con carácter general, el órgano de contratación al elaborar los pliegos deberá tener en cuenta los resultados de las consultas realizadas.

**12. Completado el expediente de contratación el órgano de contratación dictará resolución aprobando el expediente. No es cierto que:**

a) Dicha resolución tenga que ser motivada.

b) En dicha resolución se tenga que disponer la apertura del procedimiento de adjudicación.

c) La resolución deba ser objeto de publicación en el perfil de contratante.

d) Dicha resolución implique, en todo caso, la aprobación del gasto.

**13. En los contratos menores de más de 5.000 euros, la tramitación del expediente exigirá la emisión de un informe del órgano de contratación justificando de manera motivada la necesidad del contrato y que no se está alterando su objeto con el fin de evitar la aplicación de los umbrales de este tipo de contratos. Asimismo, se requerirá la aprobación del gasto y la incorporación al mismo de la factura correspondiente. ¿En qué contrato menor deberá añadirse, además, el presupuesto?**

a) En el de obras.

b) En el de suministros.

c) En el de servicios.

d) En el de concesión de servicios.

**14. El plazo de inicio de la ejecución de un contrato calificado de urgente, no podrá exceder, a contar desde la formalización, de:**

a) 10 días.

b) 20 días.

c) Un mes.

d) Tres meses.

**15. El artículo 127 de la Ley de Contratos del Sector Público, define como "cualquier documento, certificado o acreditación que confirme que las obras, productos, servicios, procesos o procedimientos de que se trate cumplen determinados requisitos" a:**

a) La prescripción técnica.

b) La etiqueta.

c) La clasificación.

d) El expediente de contratación.

**16. No se adjudicarán mediante subasta electrónica:**

a) Los contratos tramitados por procedimientos abiertos.

b) Los contratos tramitados por procedimientos restringidos.

c) Aquellos contratos en que la adjudicación se base únicamente en los precios.

d) Los contratos cuyo objeto tenga relación con la calidad alimentaria.

**17. Señalar la opción incorrecta. Podrá establecerse la preferencia en la adjudicación de contratos, en igualdad de condiciones con las que sean económicamente más ventajosas, por:**

a) Empresas que tengan en su plantilla un número de trabajadores con discapacidad superior a un porcentaje concreto.

b) Empresas de inserción.

c) Entidades reconocidas como Organizaciones de Comercio Justo.

d) Empresas de implantación nacional.

**18. En procedimientos abiertos de adjudicación de contratos sujetos a regulación armonizada, el plazo de presentación de proposiciones no será inferior, para los contratos de obras, suministros y servicios:**

a) A 20 días.

b) A 25 días.

c) A 30 días.

d) A 35 días.

**19. En los casos de tramitación urgente de los expedientes correspondientes a los contratos cuya celebración responda a una necesidad inaplazable o cuya adjudicación sea preciso acelerar por razones de interés público, una vez formalizados, el plazo de inicio de la ejecución del contrato no podrá ser superior a:**

a) 15 días hábiles.

b) 20 días naturales.

c) 1 mes.

d) 2 meses.

**20. Cuando la Administración tenga que actuar de manera inmediata a causa de acontecimientos catastróficos, de situaciones que supongan grave peligro o de necesidades que afecten a la defensa nacional:**

a) El órgano de contratación, sin obligación de tramitar expediente administrativo, podrá ordenar la ejecución de lo necesario para remediar el acontecimiento producido o satisfacer la necesidad sobrevenida, o contratar libremente su objeto, en todo o en parte, sin sujetarse a los requisitos formales establecidos en la Ley de Contratos del Sector Público, incluso el de la existencia de crédito suficiente.

b) El órgano de contratación, podrá ordenar la ejecución de lo necesario para remediar el acontecimiento producido o satisfacer la necesidad sobrevenida, o contratar libremente su objeto, en todo o en parte, una vez tramite el correspondiente expediente administrativo.

c) El órgano de contratación, sin obligación de tramitar expediente administrativo, ordenará la ejecución de lo necesario para remediar el acontecimiento producido o satisfacer la necesidad sobrevenida, o contratar libremente su objeto, en todo o en parte, con sujeción a los requisitos formales establecidos en la Ley de Contratos del Sector Público.

d) El órgano de contratación, sin obligación de tramitar expediente administrativo, podrá ordenar la ejecución de lo necesario para remediar el acontecimiento producido o satisfacer la necesidad sobrevenida, o contratar libremente su objeto, en todo o en parte, sin sujetarse a los requisitos formales establecidos en la Ley de Contratos del Sector Público, salvo el de la existencia de crédito suficiente.

En MADTEST tienes **más preguntas de este tema**, y todos tus avances quedan registrados y se reflejan en el ranking.

**¡Supera tus límites con MADTEST!**

# Solución al test n.º 14

**1.** a) Integridad.

**2.** b) La transparencia de los procedimientos de adjudicación.

**3.** c) Responsabilidad por daños y perjuicios causados a terceros.

**4.** b) Siempre que guarde relación con el objeto del contrato.

**5.** c) Las entidades con personalidad jurídica propia que hayan sido creadas específicamente para satisfacer necesidades de interés general que tengan carácter industrial o mercantil.

**6.** c) El contratista obtenga algún tipo de beneficio económico, ya sea de forma directa o indirecta.

**7.** b) Con ingresos de mercado.

**8.** b) En todo caso, se han de incorporar al expediente el pliego de cláusulas administrativas particulares y el de prescripciones generales.

**9.** a) En los contratos de servicios.

**10.** a) Proporcionarán a los empresarios acceso en condiciones de igualdad al procedimiento de contratación.

**11.** d) Con carácter general, el órgano de contratación al elaborar los pliegos deberá tener en cuenta los resultados de las consultas realizadas.

**12.** d) Dicha resolución implique, en todo caso, la aprobación del gasto.

**13.** a) En el de obras.

**14.** c) Un mes.

**15.** b) La etiqueta.

**16.** d) Los contratos cuyo objeto tenga relación con la calidad alimentaria.

**17.** d) Empresas de implantación nacional.

**18.** d) A 35 días.

**19.** c) 1 mes.

**20.** a) El órgano de contratación, sin obligación de tramitar expediente administrativo, podrá ordenar la ejecución de lo necesario para remediar el acontecimiento producido o satisfacer la necesidad sobrevenida, o contratar libremente su objeto, en todo o en parte, sin sujetarse a los requisitos formales establecidos en la Ley de Contratos del Sector Público, incluso el de la existencia de crédito suficiente.

# TEST N.º 15

**Real Decreto Legislativo 2/2004, de 5 de marzo,
por el que se aprueba el Texto refundido de la Ley Reguladora
de las Haciendas Locales: Impuestos. Tasas.
Contribuciones especiales. Precios públicos**

**1. Es un impuesto facultativo para los Ayuntamientos:**

a) Impuesto sobre Vehículos de Tracción Mecánica.
b) Impuesto sobre Actividades Económicas.
c) Impuesto sobre el Incremento de Valor de los Terrenos de Naturaleza Urbana.
d) Impuesto sobre Bienes Inmuebles.

**2. Constituye el hecho imponible del Impuesto sobre Bienes Inmuebles la titularidad del siguiente derecho sobre los bienes inmuebles rústicos y urbanos:**

a) De un derecho real de hipoteca.
b) De un derecho real de servidumbre.
c) De un derecho real de usufructo.
d) De un derecho real de prenda.

**3. A los efectos del Impuesto sobre Bienes Inmuebles tendrán la consideración de bienes inmuebles rústicos, de bienes inmuebles urbanos y de bienes inmuebles de características especiales los definidos como tales en las normas reguladoras del:**

a) Registro de la Propiedad.
b) Inventario municipal.
c) Catastro Inmobiliario.
d) Ninguna respuesta es correcta.

**4. No están sujetos al Impuesto sobre Bienes Inmuebles:**

a) Los bienes de uso privado.
b) Los bienes del dominio público hidráulico.

c) Las carreteras.
d) Las respuestas b) y c) son correctas.

**5. La base imponible del Impuesto sobre Bienes Inmuebles estará constituida por:**

a) El valor catastral de los bienes inmuebles.
b) El valor real de los bienes inmuebles.
c) El valor estimado de los bienes inmuebles.
d) El valor de mercado de los bienes inmuebles.

**6. La cuota íntegra del Impuesto sobre Bienes Inmuebles será el resultado de:**

a) Aplicar al tipo de gravamen la base liquidable.
b) Aplicar a la base liquidable el tipo de gravamen.
c) Minorar la cuota en el importe de las bonificaciones previstas legalmente.
d) Minorar la cuota líquida.

**7. Las ordenanzas fiscales podrán regular una bonificación de la cuota íntegra del Impuesto sobre Bienes Inmuebles a favor de aquellos sujetos pasivos que ostenten la condición de titulares de familia numerosa:**

a) De hasta el 80 por 100.
b) De hasta el 70 por 100.
c) De hasta el 90 por 100.
d) De hasta el 60 por 100.

**8. El hecho imponible del Impuesto de Actividades Económicas estará constituido por:**

a) Por el mero ejercicio en territorio nacional de actividades empresariales, profesionales o artísticas, siempre que se ejerzan en local determinado y se hallen especificadas en las Tarifas del Impuesto.
b) Por el mero ejercicio en territorio nacional de actividades empresariales, profesionales o artísticas, se ejerzan o no en local determinado y se hallen o no especificadas en las Tarifas del Impuesto.
c) Por el mero ejercicio en territorio nacional de actividades empresariales, profesionales o artísticas, se ejerzan o no en local determinado y se hallen especificadas en las Tarifas del Impuesto.
d) Por el mero ejercicio en territorio nacional de actividades empresariales, profesionales o artísticas, si se ejercen en local determinado aunque no se hallen especificadas en las Tarifas del Impuesto.

**9. No constituyen hecho imponible del Impuesto de Actividades Económicas el ejercicio de las siguientes actividades:**

a) La venta de productos tecnológicos.
b) El ejercicio de la actividad de abogado.

c) La venta de los productos que se reciben en pago de trabajos personales o servicios profesionales.

d) La prestación de servicios de psicología.

**10. El periodo impositivo del Impuesto de Actividades Económicas:**

a) Coincide con el mes natural.

b) Coincide con el año natural.

c) Depende de la actividad de que se trate.

d) Empieza a contarse transcurridos seis meses desde el inicio de la actividad.

**11. En relación con el Impuesto sobre Vehículos de Tracción Mecánica se considera vehículo apto para la circulación:**

a) El que hubiere sido matriculado en los registros públicos correspondientes.

b) Los provistos de permisos temporales.

c) Los provistos de matrícula turística.

d) Todas las respuestas son verdaderas.

**12. Están exentos del Impuesto sobre Vehículos de Tracción Mecánica:**

a) Las ambulancias.

b) Las respuestas a) y d) son correctas.

c) Los vehículos taxis.

d) Los vehículos de representaciones diplomáticas.

**13. Los Ayuntamientos podrán bonificar las cuotas del Impuesto sobre Vehículos de Tracción Mecánica hasta el 75 por 100:**

a) Para los vehículos históricos.

b) Para aquellos que tengan una antigüedad mínima de veinticinco años contados a partir de la fecha de su fabricación.

c) En razón a la incidencia de la combustión del carburante en el medio ambiente.

d) Todas las respuestas son falsas.

**14. La cuota del Impuesto sobre Vehículos de Tracción Mecánica se prorrateará por trimestres naturales:**

a) En los casos de primera adquisición.

b) En los supuestos de segunda compra del vehículo.

c) En los supuestos de baja temporal por sustracción o robo del vehículo.

d) Las respuestas a) y c) son correctas.

**15. El Impuesto sobre Construcciones, Instalaciones y Obras se exigirá:**

a) Se haya obtenido o no la licencia de obras.
b) Siempre que se haya obtenido la licencia de obras.
c) En los casos que conste la solicitud de la licencia de obras.
d) Desde la solicitud de la licencia de obras.

**16. En relación a la base imponible del Impuesto sobre Construcciones, Instalaciones y Obras:**

a) Estará constituida por el coste estimado de la construcción, instalación u obra.
b) Ha de incluirse en el coste de las obras el Impuesto sobre el Valor Añadido y demás impuestos análogos.
c) No se incluyen en el coste de las obras las tasas, precios públicos y demás prestaciones patrimoniales de carácter público local.
d) Ha de incluirse en el coste de las obras los honorarios de profesionales y el beneficio empresarial del contratista.

**17. El tipo de gravamen del Impuesto sobre Construcciones, Instalaciones y Obras:**

a) No podrá exceder del 3 por 100.
b) No podrá exceder del 4 por 100.
c) No podrá exceder del 2 por 100.
d) No podrá exceder del 5 por 100.

**18. Serán sujetos pasivos del Impuesto sobre Construcciones, Instalaciones y Obras:**

a) Las personas físicas que sean dueños de la obra y sean propietarios del inmueble sobre el que se realice aquella.
b) Las personas físicas que sean dueños de la obra, sean o no propietarios del inmueble sobre el que se realice aquella.
c) Las personas físicas que sean propietarios del inmueble sobre el que se realice la obra.
d) Las personas físicas que realicen la obra.

**19. En relación al Impuesto sobre el Incremento de Valor de los Terrenos de Naturaleza Urbana:**

a) El incremento se puede poner de manifiesto a consecuencia de la transmisión de cualquier derecho real de goce.
b) Es un tributo directo que grava el incremento de valor que experimenten terrenos rústicos y se ponga de manifiesto a consecuencia de la transmisión de la propiedad de los terrenos.
c) Los bienes han de estar contemplados en el Catastro.
d) Ninguna respuesta es correcta.

**20. El tipo de gravamen del Impuesto sobre el Incremento de Valor de los Terrenos de Naturaleza Urbana será el fijado por cada ayuntamiento, sin que dicho tipo pueda exceder del:**

a) 40 %.
b) 50 %.
c) 30 %.
d) 60 %.

En MADTEST tienes **más preguntas de este tema**, y todos tus avances quedan registrados y se reflejan en el ranking.

**¡Supera tus límites con MADTEST!**

# Solución al test n.º 15

**1.** c) Impuesto sobre el Incremento de Valor de los Terrenos de Naturaleza Urbana.

**2.** c) De un derecho real de usufructo.

**3.** c) Catastro Inmobiliario.

**4.** d) Las respuestas b) y c) son correctas.

**5.** a) El valor catastral de los bienes inmuebles.

**6.** b) Aplicar a la base liquidable el tipo de gravamen.

**7.** c) De hasta el 90 por 100.

**8.** b) Por el mero ejercicio en territorio nacional de actividades empresariales, profesionales o artísticas, se ejerzan o no en local determinado y se hallen o no especificadas en las Tarifas del Impuesto.

**9.** c) La venta de los productos que se reciben en pago de trabajos personales o servicios profesionales.

**10.** b) Coincide con el año natural.

**11.** d) Todas las respuestas son verdaderas.

**12.** b) Las respuestas a) y d) son correctas.

**13.** c) En razón a la incidencia de la combustión del carburante en el medio ambiente.

**14.** d) Las respuestas a) y c) son correctas.

**15.** a) Se haya obtenido o no la licencia de obras.

**16.** c) No se incluyen en el coste de las obras las tasas, precios públicos y demás prestaciones patrimoniales de carácter público local.

**17.** b) No podrá exceder del 4 por 100.

**18.** b) Las personas físicas que sean dueños de la obra, sean o no propietarios del inmueble sobre el que se realice aquella.

**19.** a) El incremento se puede poner de manifiesto a consecuencia de la transmisión de cualquier derecho real de goce.

**20.** c) 30 %.

**Los Presupuestos Locales: concepto, principios y estructura. Elaboración del Presupuesto. Su liquidación. Principios presupuestarios y fases del proceso presupuestario. Incorporación de créditos. Créditos extraordinarios y suplementos de crédito. Transferencias de crédito. Impugnación de los presupuestos de las Entidades Locales**

**1. Los Presupuestos Generales de las Entidades Locales constituyen de acuerdo con el Texto Refundido de la Ley Reguladora de las Haciendas Locales:**

a) La expresión de las obligaciones que, como máximo, pueden reconocer la Entidad y sus Organismos Autónomos.

b) La expresión cifrada, conjunta y sistemática de las obligaciones que, como máximo, pueden reconocer la Entidad y sus Organismos Autónomos.

c) La expresión cifrada, general y sistemática de las obligaciones que, como máximo, pueden reconocer la Entidad y sus Organismos Autónomos.

d) La expresión contable, conjunta y sistemática de las obligaciones que, como máximo, pueden reconocer la Entidad y sus Organismos Autónomos.

**2. Las Entidades Locales elaborarán y aprobarán anualmente un Presupuesto General en el que se integrarán:**

a) El Presupuesto de los organismos autónomos dependientes.

b) Los estados de previsión de gastos e ingresos de las Sociedades Mercantiles cuyo capital social pertenezca íntegramente a la Entidad Local.

c) Las respuestas a) y b) son correctas.

d) El presupuesto agregado de la propia Entidad.

**3. El contenido mínimo de las Bases de Ejecución del Presupuesto deberá incluir:**

a) Normas que regulen el procedimiento de ejecución del Presupuesto.

b) Regulación de las transferencias de créditos.

c) Niveles de vinculación jurídica de los créditos.

d) Todas respuestas son correctas.

**4. ¿Qué norma regula la estructura de los Presupuestos de las Entidades Locales?**

a) Orden EHA/3565/2006, de 3 de diciembre, por la que se aprueba la estructura de los Presupuestos de las Entidades Locales de los bienes de uso privado.

b) Orden EHA/3565/2008, de 3 de diciembre, por la que se aprueba la estructura de los Presupuestos de las Entidades Locales.

c) Orden de 20 de septiembre de 1989 por la que se establece la estructura de los presupuestos de las entidades locales.

d) Orden EHA/3565/2005, de diciembre, por la que se aprueba la estructura de los presupuestos de las entidades locales.

**5. Dentro de las áreas de gasto del presupuesto, se incluye en el área de gasto 2 referente a Actuaciones de protección y promoción social:**

a) Seguridad y movilidad ciudadana.
b) Pensiones.
c) Cultura.
d) Agricultura, ganadería y pesca.

**6. ¿En qué área de gasto se incluye la política de gasto denominada "Infraestructuras"?**

a) Actuaciones de carácter económico.
b) Actuaciones de carácter general.
c) Producción de bienes públicos de carácter preferente.
d) Deuda pública.

**7. ¿En qué área de gasto se incluye la política de gasto denominada "Administración financiera y tributaria"?**

a) Actuaciones de carácter general.
b) Actuaciones de carácter económico.
c) Actuaciones de protección y promoción social.
d) Producción de bienes públicos de carácter preferente.

**8. ¿En qué área de gasto se incluye la política de gasto denominada "Sanidad"?**

a) Producción de bienes públicos de carácter preferente.
b) Actuaciones de protección y promoción social.
c) Servicios públicos básicos.
d) Actuaciones de carácter general.

**9. ¿En qué área de gasto se incluye la política de gasto denominada "Fomento del empleo"?**

a) Servicios públicos básicos.
b) Actuaciones de protección y promoción social.

c) Actuaciones de carácter económico.

d) Actuaciones de carácter general.

**10. En relación con la Clasificación Económica de los Gastos del Presupuesto de las Entidades Locales se distingue entre:**

a) Operaciones abiertas y cerradas.

b) Operaciones limitadas y no limitadas.

c) Operaciones financieras y no financieras.

d) Operaciones a préstamo y liberadas.

**11. El Fondo de Contingencia tiene como fin:**

a) Atender al abono de los intereses de las operaciones de crédito.

b) Hacer frente a los gastos de contratación del personal laboral.

c) Completar aquellas aplicaciones presupuestarias que necesiten ser ampliadas.

d) Atender a las necesidades imprevistas, inaplazables y no discrecionales, para las que no exista crédito presupuestario o el previsto resulte insuficiente.

**12. El Fondo de Contingencia y Otros Imprevistos se ha de incluir obligatoriamente en los Presupuestos:**

a) De los municipios con población superior a 5.000 habitantes.

b) De las capitales de provincia.

c) De los municipios con población superior a 15.000 habitantes.

d) De los municipios con población superior a 25.000 habitantes.

**13. Respecto a la Clasificación Económica de los Gastos del Presupuesto de las Entidades Locales, dentro del capítulo 1: Gastos de personal, se encuentra el gasto siguiente:**

a) Gastos de naturaleza social.

b) Cotizaciones obligatorias de las entidades locales y de sus organismos autónomos a los distintos regímenes de Seguridad Social.

c) Retribuciones fijas y variables.

d) Todas las respuestas son verdaderas.

**14. En relación con la Clasificación Económica de los Ingresos del Presupuesto de las Entidades Locales:**

a) Se distinguen las operaciones no financieras de las financieras, subdividiéndose las segundas en operaciones corrientes y de capital.

b) Se distinguen las operaciones no financieras de las financieras, subdividiéndose las primeras en operaciones corrientes y de capital.

c) Se distinguen las operaciones no financieras, operaciones corrientes y de capital.
d) Se distinguen las operaciones no financieras de las financieras y de capital.

**15. En relación con la Clasificación Económica de los Ingresos del Presupuesto de las Entidades Locales no forman parte de las operaciones corrientes:**

a) Impuestos directos.
b) Transferencias de capital.
c) Tasas, precios públicos y otros ingresos.
d) Ingresos patrimoniales.

**16. En la Clasificación Económica de los Ingresos del Presupuesto de las Entidades Locales y dentro de los Pasivos Financieros se recoge:**

a) El ingreso que obtienen las entidades locales y sus organismos autónomos por la enajenación de activos financieros.
b) La financiación de las entidades locales y sus organismos autónomos procedente de la emisión de Deuda Pública.
c) Las dos respuestas anteriores son correctas.
d) Ninguna respuesta es correcta.

**17. ¿Quién forma el presupuesto de la Entidad Local?**

a) El Presidente de la entidad.
b) El Interventor.
c) El Secretario.
d) El Tesorero.

**18. Deberán unirse al presupuesto como documentación:**

a) Anexo de las inversiones a realizar en un plazo de cuatro años.
b) Anexo de personal de la Entidad Local.
c) Liquidación de los presupuestos de ejercicios anteriores.
d) Todas las respuestas son verdaderas.

**19. Aprobado inicialmente el presupuesto general, se expondrá al público, previo anuncio en el boletín oficial de la provincia o, en su caso, de la comunidad autónoma uniprovincial:**

a) Por quince días.
b) Por treinta días.
c) Por veinte días.
d) Por cuarenta días.

**20. El presupuesto se considerará definitivamente aprobado si durante el plazo de alegaciones:**

a) No se hubiesen presentado reclamaciones.
b) Se hubieran presentado reclamaciones con falta de motivación.
c) Se hubieran presentado reclamaciones infundadas.
d) Se hubieran presentado reclamaciones extemporáneas o basadas en datos irreales.

**En MADTEST tienes** más preguntas de este tema, **y todos tus avances quedan registrados y se reflejan en el ranking.**
**¡Supera tus límites con MADTEST!**

# Solución al test n.º 16

**1.** b) La expresión cifrada, conjunta y sistemática de las obligaciones que, como máximo, pueden reconocer la Entidad y sus Organismos Autónomos.

**2.** c) Las respuestas a) y b) son correctas.

**3.** d) Todas respuestas son correctas.

**4.** b) Orden EHA/3565/2008, de 3 de diciembre, por la que se aprueba la estructura de los Presupuestos de las Entidades Locales.

**5.** b) Pensiones.

**6.** a) Actuaciones de carácter económico.

**7.** a) Actuaciones de carácter general.

**8.** a) Producción de bienes públicos de carácter preferente.

**9.** b) Actuaciones de protección y promoción social.

**10.** c) Operaciones financieras y no financieras.

**11.** d) Atender a las necesidades imprevistas, inaplazables y no discrecionales, para las que no exista crédito presupuestario o el previsto resulte insuficiente.

**12.** b) De las capitales de provincia.

**13.** d) Todas las respuestas son verdaderas.

**14.** b) Se distinguen las operaciones no financieras de las financieras, subdividiéndose las primeras en operaciones corrientes y de capital.

**15.** b) Transferencias de capital.

**16.** b) La financiación de las entidades locales y sus organismos autónomos procedente de la emisión de Deuda Pública.

**17.** a) El Presidente de la entidad.

**18.** b) Anexo de personal de la Entidad Local.

**19.** a) Por quince días.

**20.** a) No se hubiesen presentado reclamaciones.

# TEST N.º 17

**Ley Orgánica 3/2018, de 5 de diciembre, de Protección de datos de carácter personal y garantía de los derechos digitales. Principios de protección. Ámbito de aplicación, accesibilidad y transparencia. Órganos y competencias. Datos especialmente protegidos. Derecho de acceso a los archivos. Transparencia y Buen Gobierno: Publicidad activa y derecho de acceso a la información pública**

**1. En virtud de qué principio previsto por el Reglamento General de Protección de Datos, los datos personales serán adecuados, pertinentes y limitados a lo necesario en relación con los fines para los que son tratados:**

a) Principio de exactitud.
b) Principio de limitación de la finalidad.
c) Principio de responsabilidad proactiva.
d) Principio de minimización de datos.

**2. Cuando los plazos se señalen por días en el RGPD o en la LO 3/2018, se entiende de que estos:**

a) Son naturales.
b) Son hábiles, de lunes a sábado; excluyéndose del cómputo los domingos y los declarados festivos.
c) Son naturales; excluyéndose del cómputo los declarados festivos.
d) Son hábiles, excluyéndose del cómputo los sábados, los domingos y los declarados festivos.

**3. El RGPD denomina a la autoridad pública independiente establecida por un Estado miembro:**

a) Agencia Nacional de Protección de Datos.
b) Representante.
c) Autoridad de control.
d) Autoridad de referencia.

**4. El RGPD lo define como la persona física o jurídica, autoridad pública, servicio u otro organismo que trate datos personales por cuenta del responsable del tratamiento:**

a) El Delegado.
b) El Encargado.
c) El Representante.
d) El Tratante.

**5. Según el artículo 3 de la LO 3/2018, los requisitos y condiciones para acreditar la validez y vigencia de los mandatos e instrucciones de las personas fallecidas respecto al acceso a los datos personales de éstas por parte de las personas o instituciones que designaran expresamente, serán establecidos:**

a) Por medio de una Directiva europea.
b) Por Ley estatal.
c) Por Ley autonómica.
d) Por Real Decreto.

**6. El artículo 4 de la LO 3/2018 señala que, conforme al artículo 5.1.d) del Reglamento (UE) 2016/679, los datos serán exactos y, si fuere necesario:**

a) Actualizados.
b) Aproximados.
c) Normalizados.
d) Digitalizados.

**7. Conforme al artículo 5.1 de la LO 3/2018, estarán sujetas al deber de confidencialidad:**

a) Únicamente los responsables del tratamiento.
b) Los responsables y encargados del tratamiento.
c) Los responsables y encargados del tratamiento de datos así como todas las personas que intervengan en cualquier fase de este.
d) Los responsables y encargados del tratamiento de datos así como todas las personas que intervengan en todas las fases de este.

**8. Conforme a los artículos 4.11 del RGPD y 6.1 de la LO 3/2018, se entiende por "consentimiento del afectado" la aceptación, ya sea mediante una declaración o una clara acción afirmativa, del tratamiento de datos personales que le conciernen manifestada por voluntad libre, de forma específica, informada e/y:**

a) Detallada.
b) Unitaria.
c) Inequívoca.
d) Por escrito.

**9. Según el artículo 6.2 de la Ley Orgánica 3/2018 de Protección de Datos Personales y garantía de los derechos digitales, cuando se pretenda fundar el tratamiento de los datos en el consentimiento del afectado para una pluralidad de finalidades, será preciso que conste de manera específica e inequívoca que dicho consentimiento se otorga:**

a) Por un periodo de tiempo.
b) Irrevocablemente.
c) Para todas ellas.
d) Por interés público.

**10. Los datos personales serán tratados de tal manera que se garantice una seguridad adecuada de los mismos, incluida la protección contra el tratamiento no autorizado o ilícito y contra su pérdida, destrucción o daño accidental, mediante la aplicación de medidas técnicas u organizativas apropiadas; todo ello en virtud del principio de:**

a) Responsabilidad proactiva.
b) Integridad y confidencialidad.
c) Limitación de la finalidad.
d) Licitud, lealtad y transparencia.

**11. Conforme al principio de limitación de la finalidad, los datos personales serán recogidos con fines determinados, explícitos y:**

a) Limitados.
b) Transparentes.
c) Compatibles.
d) Legítimos.

**12. Según el artículo 8.1 de la LO 3/2018, el tratamiento de datos personales solo podrá considerarse fundado en el cumplimiento de una obligación legal exigible al responsable:**

a) Cuando así lo prevea una norma de Derecho de la Unión Europea o una norma con rango de ley.
b) Cuando el tratamiento se considere una misión realizada en interés público.
c) Cuando se trate del ejercicio de poderes públicos conferidos al responsable.
d) Cuando el responsable sea un órgano u organismo público.

**13. Conforme al artículo 9 de la LO 3/2018, de 5 de diciembre, de Protección de Datos Personales y garantía de los derechos digitales, ¿cuál de los siguientes tratamientos de categorías especiales de datos fundados en el Derecho español deberá estar amparado en una norma con rango de ley?**

a) El interesado dio su consentimiento explícito para el tratamiento de dichos datos personales con uno o más de los fines especificados.
b) El tratamiento es necesario para el cumplimiento de obligaciones y el ejercicio de derechos específicos del responsable del tratamiento o del interesado en el ámbito del Derecho laboral y de la seguridad y protección social.

c) El tratamiento es necesario para proteger intereses vitales del interesado o de otra persona física, en el supuesto de que el interesado no esté capacitado, física o jurídicamente, para dar su consentimiento.

d) El tratamiento es necesario por razones de interés público en el ámbito de la salud pública, como la protección frente a amenazas transfronterizas graves para la salud, o para garantizar elevados niveles de calidad y de seguridad de la asistencia sanitaria y de los medicamentos o productos sanitarios.

**14. Según el artículo 7.1 de la LO 3/2018, el tratamiento de los datos personales de un menor de edad únicamente podrá fundarse en su consentimiento cuando sea mayor de:**

a) 12 años.
b) 13 años.
c) 14 años.
d) 16 años.

**15. El derecho a la portabilidad de los datos:**

a) Se podrá aplicar a los tratamientos que sean necesario para el cumplimiento de una misión realizada en interés público o en el ejercicio de poderes públicos conferidos al responsable del tratamiento.

b) A diferencia de otros derechos, podrá afectar negativamente a los derechos y libertades de otros.

c) Supone la obligación de que, en todo caso, los datos personales se transmitan directamente de responsable a responsable.

d) Requiere que el tratamiento se efectúe por medios automatizados.

**16. Conforme al artículo 12 de la LO 3/2018, los derechos reconocidos en los artículos 15 a 22 del RGPD:**

a) Sólo podrán ser ejercidos directamente por el afectado.
b) Deberán ejercerse bien directamente por el afectado o por representante legal.
c) Deberán ejercerse bien directamente por el afectado o por representante voluntario.
d) Podrán ejercerse directamente o por medio de representante legal o voluntario.

**17. Según el artículo 12.4 de la LO 3/2018, la prueba del cumplimiento del deber de responder a la solicitud de ejercicio de sus derechos formulado por el afectado recaerá:**

a) Sobre el responsable del tratamiento.
b) Sobre el encargado del tratamiento.
c) Bien sobre el responsable o bien sobre el encargado.
d) Sobre el representante legal del afectado.

**18. En virtud del artículo 12 de la LO 3/2018 es cierto, en relación con los medios para que el afectado pueda ejercer sus derechos, que:**

a) El encargado del tratamiento estará obligado a informar al afectado sobre los medios a su disposición para ejercer los derechos que le corresponden.

b) Los medios deberán ser consensuados con los afectados antes de poner en marcha el tratamiento.

c) Los medios deberán ser fácilmente accesibles para el afectado.

d) El ejercicio del derecho podrá ser denegado cuando el afectado opte por otro medio.

**19. Conforme al artículo 17 del RGPD, el derecho de supresión no se podrá aplicar cuando:**

a) Los datos personales ya no sean necesarios en relación con los fines para los que fueron recogidos o tratados de otro modo.

b) Los datos personales se hayan obtenido en relación con la oferta de servicios de la sociedad de la información.

c) Los datos personales hayan sido tratados ilícitamente.

d) Los datos personales sean necesarios para ejercer el derecho a la libertad de expresión e información.

**20. En relación con el derecho de portabilidad, es cierto que:**

a) El ejercicio de este derecho impide el ejercicio del derecho de supresión.

b) Al ejercer su derecho a la portabilidad de los datos, el interesado tendrá que transmitir los datos directamente al nuevo responsable de los mismos.

c) Se aplicará al tratamiento que sea necesario para el cumplimiento de una misión realizada en interés público o en el ejercicio de poderes públicos conferidos al responsable del tratamiento.

d) No podrá afectar negativamente a los derechos y libertades de otros.

En MADTEST tienes **más preguntas de este tema**, y todos tus avances quedan registrados y se reflejan en el ranking.

**¡Supera tus límites con MADTEST!**

# Solución al test n.º 17

**1.** d) Principio de minimización de datos.

**2.** d) Son hábiles, excluyéndose del cómputo los sábados, los domingos y los declarados festivos.

**3.** c) Autoridad de control.

**4.** b) El Encargado.

**5.** d) Por Real Decreto.

**6.** a) Actualizados.

**7.** c) Los responsables y encargados del tratamiento de datos así como todas las personas que intervengan en cualquier fase de este.

**8.** c) Inequívoca.

**9.** c) Para todas ellas.

**10.** b) Integridad y confidencialidad.

**11.** d) Legítimos.

**12.** a) Cuando así lo prevea una norma de Derecho de la Unión Europea o una norma con rango de ley.

**13.** d) El tratamiento es necesario por razones de interés público en el ámbito de la salud pública, como la protección frente a amenazas transfronterizas graves para la salud, o para garantizar elevados niveles de calidad y de seguridad de la asistencia sanitaria y de los medicamentos o productos sanitarios.

**14.** c) 14 años.

**15.** d) Requiere que el tratamiento se efectúe por medios automatizados.

**16.** d) Podrán ejercerse directamente o por medio de representante legal o voluntario.

**17.** a) Sobre el responsable del tratamiento.

**18.** c) Los medios deberán ser fácilmente accesibles para el afectado.

**19.** d) Los datos personales sean necesarios para ejercer el derecho a la libertad de expresión e información.

**20.** d) No podrá afectar negativamente a los derechos y libertades de otros.

# TEST N.º 18

**Ley Orgánica 3/2007, de 22 de marzo, para la igualdad efectiva de mujeres y hombres. Objeto y ámbito de la ley. El principio de igualdad en el empleo público. Ley 4/2023, de 28 de febrero, para la igualdad efectiva de las personas trans y para la garantía de los derechos de las personas LGTBI: Disposiciones generales. Políticas públicas para promover la igualdad efectiva de las personas LGTBI. Medidas en el ámbito administrativo y en el ámbito laboral**

**1. Según su artículo 1, la LO 3/2007 tiene por objeto hacer efectivo el derecho de:**

a) Conciliación de la vida laboral y familiar de mujeres y hombres.
b) Igualdad de trato y de oportunidades entre mujeres y hombres.
c) Participación en los asuntos públicos en igualdad de condiciones.
d) No discriminación por razón de sexo.

**2. Las obligaciones establecidas en la LO 3/2007 son de aplicación a:**

a) A toda persona, física o jurídica, que se encuentre o actúe en territorio español, cualquiera que fuese su nacionalidad, domicilio o residencia.
b) A todos los ciudadanos españoles, ya sea en territorio español o territorio de cualquier país extranjero.
c) A toda persona, física o jurídica, que se encuentre o actúe en territorio español, con nacionalidad española.
d) A toda persona, física o jurídica, que resida en territorio español, cualquiera que fuese su nacionalidad.

**3. Según el artículo 4 de la LO 3/2007, la igualdad de trato y de oportunidades entre mujeres y hombres:**

a) Es un deber de las Administraciones Públicas.
b) Es una fuente formal del Derecho.
c) Es un principio informador del ordenamiento jurídico.
d) Es un objetivo fundamental del procedimiento administrativo.

**4. La situación en que se encuentra una persona que sea, haya sido o pudiera ser tratada, en atención a su sexo, de manera menos favorable que otra en situación comparable, se considera:**

a) Discriminación directa.
b) Acoso sexual.
c) Discriminación indirecta.
d) Violencia de género.

**5. A los efectos de la LO 3/2007, definimos como acoso sexual:**

a) Cualquier comportamiento realizado en función del sexo de una persona, con el propósito o el efecto de atentar contra su dignidad y de crear un entorno intimidatorio, degradante u ofensivo.
b) La situación en que una disposición, criterio o práctica aparentemente neutros pone a personas de un sexo en desventaja particular con respecto a personas del otro, salvo que dicha disposición, criterio o práctica puedan justificarse objetivamente en atención a una finalidad legítima y que los medios para alcanzar dicha finalidad sean necesarios y adecuados.
c) Todo trato desfavorable a las mujeres relacionado con el embarazo o la maternidad.
d) Cualquier comportamiento, verbal o físico, de naturaleza sexual que tenga el propósito o produzca el efecto de atentar contra la dignidad de una persona, en particular cuando se crea un entorno intimidatorio, degradante u ofensivo.

**6. Cualquier comportamiento realizado en función del sexo de una persona, con el propósito o el efecto de atentar contra su dignidad y de crear un entorno intimidatorio, degradante u ofensivo, constituye:**

a) Discriminación directa.
b) Acoso sexual.
c) Acoso por razón de sexo.
d) Discriminación indirecta.

**7. Para prevenir la realización de conductas discriminatorias en los actos y las cláusulas de los negocios jurídicos, el artículo 10 de la LO 3/2007 prevé la existencia de un sistema de sanciones eficaz y:**

a) Proporcionado.
b) Comprensible.
c) Cuantificable.
d) Disuasorio.

**8. Según el artículo 10 de la LO 3/2007, los actos y las cláusulas de los negocios jurídicos que constituyan o causen discriminación por razón de sexo se considerarán:**

a) Válidos, pero anulables.
b) Nulos y sin efecto.
c) Ilegales.
d) Nulos, pero con efectos.

**9. Con el fin de hacer efectivo el derecho constitucional de la igualdad, los Poderes Públicos adoptarán medidas específicas en favor de las mujeres para corregir situaciones patentes de desigualdad de hecho respecto de los hombres. Tales medidas, que serán aplicables en tanto subsistan dichas situaciones, habrán de ser en relación con el objetivo perseguido en cada caso razonables y:**

a) Justificadas.
b) Autorizadas judicialmente.
c) Transparentes.
d) Proporcionadas.

**10. La capacidad y la legitimación para intervenir en los procesos civiles, sociales y contencioso-administrativos que versen sobre la defensa del derecho de igualdad entre mujeres y hombres, corresponden a:**

a) La persona acosada, únicamente.
b) Cualquier ciudadano.
c) Las personas físicas y jurídicas con interés legítimo.
d) Cualquier persona jurídica.

**11. Según el artículo 17 de la LO 3/2007, el Gobierno, en las materias que sean de la competencia del Estado, aprobará un Plan Estratégico de Igualdad de Oportunidades:**

a) Anualmente.
b) Bianualmente.
c) Cada cuatro años.
d) Periódicamente.

**12. El artículo 18 de la LO 3/2007, exige al Gobierno la elaboración de un informe periódico sobre el conjunto de sus actuaciones en relación con la efectividad del principio de igualdad entre mujeres y hombres. Los términos en que se elaborarán estos informes se determinarán:**

a) Por ley orgánica.
b) Por ley.
c) Reglamentariamente.
d) En una ley de bases.

**13. El Gobierno dará cuenta del informe sobre el conjunto de sus actuaciones en relación con la efectividad del principio de igualdad entre mujeres y hombres:**

a) Al Congreso de los Diputados.
b) A las Cortes Generales.
c) A las asociaciones y organizaciones de mujeres.
d) Al Defensor del Pueblo.

**14. Los proyectos de disposiciones de carácter general y los planes de especial relevancia económica, social, cultural y artística que se sometan a la aprobación del Consejo de Ministros deberán incorporar:**

a) Un Plan Estratégico de Igualdad de Oportunidades.

b) Una estadística o encuesta que posibilite el conocimiento de las diferencias en los valores, roles, situaciones y condiciones, de mujeres y hombres en el ámbito de acción del proyecto o plan.

c) Un informe periódico sobre el conjunto de sus actuaciones en relación con la efectividad del principio de igualdad entre mujeres y hombres.

d) Un informe sobre su impacto por razón de género.

**15. El artículo 20 de la LO 3/2007, establece una serie de medidas obligatorias a las que se someterán los estudios y estadísticas que elaboren los poderes públicos. Cuál de las siguientes es una de dichas medidas:**

a) Excluir sistemáticamente la variable de sexo en las estadísticas, encuestas y recogida de datos que lleven a cabo.

b) Realizar muestras lo suficientemente amplias para evitar que las diversas variables incluidas puedan ser explotadas y analizadas en función de la variable de sexo.

c) Explotar los datos de que disponen de modo que se puedan conocer las diferentes situaciones, condiciones, aspiraciones y necesidades de mujeres y hombres en los diferentes ámbitos de intervención.

d) Establecer e incluir en las operaciones estadísticas nuevos indicadores que posibiliten un mejor conocimiento de las similitudes en los valores, roles, situaciones, condiciones, aspiraciones y necesidades de mujeres y hombres.

**16. El objeto de la Ley para la igualdad real y efectiva de las personas trans y para la garantía de los derechos de las personas LGTBI es:**

a) La ordenación de las políticas públicas y la regulación de estructuras, recursos y servicios en favor de la rectificación pública de este colectivo.

b) Garantizar y promover el derecho a la igualdad real y efectiva de las personas lesbianas, gais, trans, bisexuales e intersexuales, así como de sus familias.

c) Armonizar los requisitos para el reconocimiento de la condición efectiva de las personas pertenecientes a la comunidad LGTBI.

d) Definir el instrumento principal de colaboración entre las distintas comunidades y colectivos para lograr el respeto hacia la comunidad LGTBI.

**17. ¿Cómo se denomina a la condición de aquellas personas nacidas con unas características biológicas, anatómicas o fisiológicas, una anatomía sexual, unos órganos reproductivos o un patrón cromosómico que no se corresponden con las nociones socialmente establecidas de los cuerpos masculinos o femeninos?**

a) Orientación sexual indefinida.

b) Identidad sexual neutra.

c) Expresión de género abierta.

d) Intersexualidad.

**18. Cómo se aprobará la Estrategia estatal para la igualdad de trato y no discriminación de las personas LGTBI:**

a) Mediante Acuerdo del Consejo de Ministros, previo informe favorable de la Conferencia Sectorial de Igualdad.

b) Mediante Real Decreto, a propuesto de la persona titular del Ministerio de Igualdad.

c) Mediante Orden de la persona titular del Ministerio de Igualdad, a propuesta de la Conferencia Sectorial de Igualdad.

d) Mediante Acuerdo de la Conferencia Sectorial de Igualdad, previo informe del Consejo de Participación de las Personas LGTBI.

**19. Según el artículo 10.3 de la Ley 4/2023, la Estrategia estatal para la igualdad de trato y no discriminación de las personas LGTBI tendrá carácter:**

a) Anual.

b) Bianual.

c) Trianual.

d) Cuatrienal.

**20. Según su artículo 2, la Ley 4/2023 será de aplicación:**

a) A toda persona física, de carácter público, que resida en territorio español, cualquiera que fuera su nacionalidad, origen racial o étnico, religión, domicilio, residencia, edad, estado civil o situación administrativa, en los términos y con el alcance que se contemplan en esta ley y en el resto del ordenamiento jurídico.

b) A toda persona física o jurídica, de carácter público o privado, que resida, se encuentre o actúe en territorio español, de nacionalidad española, en los términos y con el alcance que se contemplan en esta ley y en el resto del ordenamiento jurídico.

c) A toda persona física, de carácter público o privado, que resida o se encuentre o actúe en territorio español, cualquiera que fuera su nacionalidad, origen racial o étnico, religión, domicilio, residencia, edad, estado civil o situación administrativa, en los términos y con el alcance que se contemplan en esta ley.

d) A toda persona física o jurídica, de carácter público o privado, que resida, se encuentre o actúe en territorio español, cualquiera que fuera su nacionalidad, origen racial o étnico, religión, domicilio, residencia, edad, estado civil o situación administrativa, en los términos y con el alcance que se contemplan en esta ley y en el resto del ordenamiento jurídico.

# Solución al test n.º 18

**1.** b) Igualdad de trato y de oportunidades entre mujeres y hombres.

**2.** a) A toda persona, física o jurídica, que se encuentre o actúe en territorio español, cualquiera que fuese su nacionalidad, domicilio o residencia.

**3.** c) Es un principio informador del ordenamiento jurídico.

**4.** a) Discriminación directa.

**5.** d) Cualquier comportamiento, verbal o físico, de naturaleza sexual que tenga el propósito o produzca el efecto de atentar contra la dignidad de una persona, en particular cuando se crea un entorno intimidatorio, degradante u ofensivo.

**6.** c) Acoso por razón de sexo.

**7.** d) Disuasorio.

**8.** b) Nulos y sin efecto.

**9.** d) Proporcionadas.

**10.**c) Las personas físicas y jurídicas con interés legítimo.

**11.** d) Periódicamente.

**12.** c) Reglamentariamente.

**13.** b) A las Cortes Generales.

**14.** d) Un informe sobre su impacto por razón de género.

**15.** c) Explotar los datos de que disponen de modo que se puedan conocer las diferentes situaciones, condiciones, aspiraciones y necesidades de mujeres y hombres en los diferentes ámbitos de intervención.

**16.** b) Garantizar y promover el derecho a la igualdad real y efectiva de las personas lesbianas, gais, trans, bisexuales e intersexuales, así como de sus familias.

**17.** d) Intersexualidad.

**18.** a) Mediante Acuerdo del Consejo de Ministros, previo informe favorable de la Conferencia Sectorial de Igualdad.

**19.** d) Cuatrienal.

**20.** d) A toda persona física o jurídica, de carácter público o privado, que resida, se encuentre o actúe en territorio español, cualquiera que fuera su nacionalidad, origen racial o étnico, religión, domicilio, residencia, edad, estado civil o situación administrativa, en los términos y con el alcance que se contemplan en esta ley y en el resto del ordenamiento jurídico.

**Ley 31/1995, de 8 de noviembre de Prevención de Riesgos Laborales: objeto y ámbito de aplicación y definiciones. Derechos y obligaciones. Delegados de prevención. Comités de Seguridad y Salud. Representación de los empleados públicos**

**1. Los representantes de los trabajadores con competencia en materia de prevención de riesgos laborales es/son:**

a) Los miembros de la Junta de personal, Junta Facultativa y Junta de Enfermería.
b) Los técnicos de prevención de riesgos laborales.
c) El Servicio de Medicina Preventiva.
d) Los delegados de prevención.

**2. ¿Qué se entiende por "riesgo laboral"?**

a) La posibilidad de que un trabajador sufra un determinado daño derivado del trabajo.
b) La posibilidad de que un trabajador sufra una enfermedad en el trabajo.
c) La posibilidad de que un trabajador sufra acoso.
d) El riesgo que supone el ir a trabajar.

**3. ¿Quién debe garantizar a los trabajadores la vigilancia periódica de su estado de salud en función de los riesgos inherentes al trabajo?**

a) La Inspección de Trabajo.
b) El propio trabajador.
c) El empresario.
d) Las secciones sindicales.

**4. El derecho básico reconocido a los trabajadores por la Ley 31/1995, de 8 de noviembre, es:**

a) La vigilancia de su estado de salud.
b) Una protección eficaz en materia de seguridad y salud en el trabajo.
c) La formación en materia preventiva.
d) La información, consulta y participación.

**5. Indica cuál es la definición de prevención:**

a) La probabilidad racional de que un riesgo se materialice de forma inminente.
b) El estudio de los procesos potencialmente peligrosos para el trabajo.
c) Conjunto de actividades o medidas adoptadas o previstas en todas las fases de actividad de la empresa con el fin de evitar o disminuir los riesgos derivados del trabajo.
d) Posibilidad de que un trabajador sufra un determinado daño derivado del trabajo.

**6. Señala la respuesta incorrecta:**

a) La Ley de Prevención de Riesgos Laborales se aplica a los operativos de Seguridad civil en casos de catástrofe.
b) La Ley de Prevención de Riesgos Laborales se aplica a las sociedades cooperativas.
c) En el ámbito de la relación laboral de carácter especial del servicio del hogar familiar, las personas trabajadoras tienen derecho a una protección eficaz en materia de seguridad y salud en el trabajo.
d) En los establecimientos penitenciarios, se adaptarán a la Ley de Prevención de Riesgos Laborales aquellas actividades cuyas características justifiquen una regulación especial.

**7. Entre los principios de la acción preventiva recogidos por el artículo 15 de la Ley de Prevención de Riesgos Laborales, no figura:**

a) Evitar los riesgos.
b) Evaluar los riesgos que se puedan evitar.
c) Tener en cuenta la evolución de la técnica.
d) Dar las debidas instrucciones a los trabajadores.

**8. ¿Cuántos delegados de prevención se deberán elegir en empresas entre 3001 y 4000 trabajadores?**

a) 5.
b) 6.
c) 7.
d) 8.

**9. En las empresas de hasta 30 trabajadores, el Delegado de Prevención será:**

a) El propio empresario.
b) El trabajador más antiguo.
c) El trabajador de mayor cualificación.
d) El delegado de personal.

**10. Según la Ley de Prevención de Riesgos Laborales, se constituirá un Comité de Seguridad y Salud en todas las empresas o centros de trabajo que cuenten con:**

a) 30 o más trabajadores.
b) 50 o más trabajadores.
c) 75 o más trabajadores.
d) 100 o más trabajadores.

**11. Entre las obligaciones de los trabajadores recogidas por la Ley de Prevención de Riesgos Laborales, no figura:**

a) Informar directamente al empresario de cualquier situación que entrañe riesgo para la seguridad o salud de los trabajadores.

b) Contribuir al cumplimiento de las obligaciones establecidas por la autoridad competente con el fin de proteger la seguridad y la salud de los trabajadores en el trabajo.

c) Cooperar con el empresario para que este pueda garantizar unas condiciones de trabajo que sean seguras y no entrañen riesgos para la seguridad y la salud de los trabajadores.

d) Utilizar correctamente los medios y equipos de protección facilitados por el empresario, de acuerdo con las instrucciones recibidas de este.

**12. La Ley 31/1995, de 8 de noviembre, de Prevención de Riesgos Laborales, ¿se aplica a los empleados de la Administración Pública?**

a) Sí, sin distinciones.

b) A los funcionarios sí, al personal laboral no.

c) Al personal laboral sí, a los funcionarios no.

d) No se aplica ni a funcionarios ni a personal laboral.

**13. El órgano paritario y colegiado de participación destinado a la consulta regular y periódica de las actuaciones de la empresa en materia de prevención de riesgos, es:**

a) El Comité de Empresa.

b) El Consejo de Vigilancia de la Prevención.

c) La Comisión de Evaluación de Riesgos Laborales.

d) El Comité de Seguridad y Salud.

**14. La acción preventiva en la empresa:**

a) Se planificará por el Comité de Seguridad y Salud a partir de una evaluación inicial de riesgos.

b) Se planificará por los Delegados de Prevención a partir de una evaluación inicial de riesgos.

c) Se planificará por el empresario a partir de una evaluación inicial de riesgos.

d) Se planificará por los Delegados de Personal a partir de una evaluación inicial de riesgos.

**15. ¿Cuándo se deben utilizar los equipos de protección individual?**

a) Siempre.

b) Cuando los riesgos no hayan sido evaluados.

c) Cuando los riesgos no se puedan evitar o no puedan limitarse.

d) Cuando el trabajador lo estime oportuno.

**16. Cuando los trabajadores estén expuestos a un riesgo grave e inminente con ocasión de su trabajo, y el empresario no adopte o no permita la adopción de las medidas necesarias para garantizar la seguridad y la salud de los trabajadores, la Ley 31/1995, de 8 de noviembre, de Prevención de Riesgos Laborales prevé:**

a) Los trabajadores afectados podrán paralizar la actividad.

b) El órgano de representación del personal instará formalmente al empresario a la adopción de las medidas necesarias.

c) Los Delegados de Prevención lo comunicarán a la autoridad laboral, que adoptará las medidas necesarias.

d) El órgano de representación de personal podrá acordar la paralización de la actividad.

**17. ¿Pueden los trabajadores efectuar propuestas al empresario y a los órganos de participación para mejorar los niveles de protección de la seguridad y salud en la empresa?**

a) No.

b) Sí.

c) Según el tamaño de la empresa.

d) Según el número de trabajadores.

**18. Según establece el art. 4 de la Ley 31/1995, de 8 de noviembre, de Prevención de Riesgos Laborales, se define como daños derivados del trabajo:**

a) La posibilidad de que un trabajador sufra un determinado daño derivado del trabajo.

b) El que resulte probable racionalmente que se materialice en un futuro inmediato y pueda suponer un daño grave para la salud de los trabajadores.

c) Las enfermedades, patologías o lesiones sufridas con motivo u ocasión del trabajo.

d) Cualquier máquina, aparato, instrumento o instalación utilizada en el trabajo.

**19. ¿Debe el trabajador prestar su consentimiento para que le realicen vigilancia de la salud?**

a) No.

b) Sí.

c) Depende del número de trabajadores de la empresa.

d) Esta prestación es solo para personal fijo en la empresa.

**20. El art. 21 de la LPRL establece los requisitos y el procedimiento para que los representantes legales de los trabajadores acuerden la paralización de la actividad de los trabajadores que están o puedan estar expuestos a un riesgo grave e inminente si el empresario no adopta las medidas necesarias para garantizar la seguridad y salud de los trabajadores. La medida será adoptada por:**

a) Acuerdo por mayoría absoluta de sus miembros. Tal acuerdo será comunicado de inmediato a la empresa y a la autoridad laboral, la cual, en el plazo de 48 horas, anulará o ratificará la paralización acordada.

b) Acuerdo por mayoría de 2/3 de sus miembros. Tal acuerdo será comunicado de inmediato a la empresa y a la autoridad laboral, la cual, en el plazo de 24 horas, anulará o ratificará la paralización acordada.

c) Acuerdo por mayoría de sus miembros. Tal acuerdo será comunicado de inmediato a la empresa y a la autoridad laboral, la cual, en el plazo de 48 horas, anulará o ratificará la paralización acordada.

d) Acuerdo por mayoría de sus miembros. Tal acuerdo será comunicado de inmediato a la empresa y a la autoridad laboral, la cual, en el plazo de 24 horas, anulará o ratificará la paralización acordada.

**En MADTEST tienes** más preguntas de este tema, **y todos tus avances quedan registrados y se reflejan en el ranking.**

**¡Supera tus límites con MADTEST!**

# Solución al test n.º 19

**1.** d) Los delegados de prevención.

**2.** a) La posibilidad de que un trabajador sufra un determinado daño derivado del trabajo.

**3.** c) El empresario.

**4.** b) Una protección eficaz en materia de seguridad y salud en el trabajo.

**5.** c) Conjunto de actividades o medidas adoptadas o previstas en todas las fases de actividad de la empresa con el fin de evitar o disminuir los riesgos derivados del trabajo.

**6.** a) La Ley de Prevención de Riesgos Laborales se aplica a los operativos de Seguridad civil en casos de catástrofe.

**7.** b) Evaluar los riesgos que se puedan evitar.

**8.** c) 7.

**9.** d) El delegado de personal.

**10.** b) 50 o más trabajadores.

**11.** a) Informar directamente al empresario de cualquier situación que entrañe riesgo para la seguridad o salud de los trabajadores.

**12.** a) Sí, sin distinciones.

**13.** d) El Comité de Seguridad y Salud.

**14.** c) Se planificará por el empresario a partir de una evaluación inicial de riesgos.

**15.** c) Cuando los riesgos no se puedan evitar o no puedan limitarse.

**16.** d) El órgano de representación de personal podrá acordar la paralización de la actividad.

**17.** b) Sí.

**18.** c) Las enfermedades, patologías o lesiones sufridas con motivo u ocasión del trabajo.

**19.** b) Sí.

**20.** d) Acuerdo por mayoría de sus miembros. Tal acuerdo será comunicado de inmediato a la empresa y a la autoridad laboral, la cual, en el plazo de 24 horas, anulará o ratificará la paralización acordada.

**Ley 19/2013, de 9 de diciembre, de Transparencia,
Acceso a la Información Pública y Buen Gobierno: Objeto,
ámbito de aplicación y principios generales**

**1. Señala la opción incorrecta. Según el preámbulo de la Ley 19/2013, de 9 de diciembre, de transparencia, acceso a la información pública y buen gobierno, los 3 ejes fundamentales de toda acción política deben ser:**

a) La transparencia.
b) La promoción de la administración electrónica.
c) El acceso a la información pública.
d) Las normas de buen gobierno.

**2. La transparencia activa se materializa en:**

a) El acceso a la información pública.
b) La simplificación de los procedimientos.
c) La reutilización de la información.
d) La publicidad activa.

**3. En el Capítulo I del Título I: "Transparencia de la actividad pública" de la Ley 19/2013, concretamente en el art. 3, se señala que serán objeto de aplicación de las disposiciones las entidades privadas:**

a) En cuyo capital social la participación, directa o indirecta, sea superior al 50 por 100.
b) Que perciban durante el período de un año ayudas o subvenciones públicas en una cuantía superior a 100.000 euros o cuando al menos el 40% del total de sus ingresos anuales tengan carácter de ayuda o subvención pública, siempre que alcancen como mínimo la cantidad de 5.000 euros.
c) Con personalidad jurídica propia, vinculadas a cualquiera de las Administraciones Públicas o dependientes de ellas.
d) Que tengan atribuidas funciones de regulación o supervisión de carácter externo sobre un determinado sector o actividad.

**4. A tenor del artículo 2.1 de la Ley 19/2013, es cierto que las disposiciones del título I son de aplicación a:**

a) Las entidades gestoras y los servicios comunes de la Seguridad Social, pero no a las mutuas de accidentes de trabajo y enfermedades profesionales colaboradoras de la Seguridad Social.
b) Las corporaciones de Derecho Público, en relación a todas sus actividades.
c) Los organismos autónomos, las Agencias Estatales, las entidades públicas empresariales y las entidades de Derecho Público que, con independencia funcional o con una especial autonomía reconocida por la Ley, tengan atribuidas funciones de regulación o supervisión de carácter externo sobre un determinado sector o actividad.
d) Las sociedades mercantiles.

**5. A tenor del artículo 3 de la Ley 19/2013, qué parte de esta ley es de aplicación a los partidos políticos:**

a) El título I, referido a la transparencia de la actividad pública.
b) Del título I, el capítulo III referido al derecho de acceso a la información pública.
c) La Ley en su totalidad.
d) Del título I, el capítulo II, referido a la publicidad activa.

**6. Según el artículo 5.4 de la Ley 19/2013, de 9 de diciembre, de transparencia, acceso a la información pública y buen gobierno, la información sujeta a las obligaciones de transparencia será publicada en las correspondientes sedes electrónicas o páginas web:**

a) De una manera clara, estructurada y entendible para los interesados.
b) Obligatoriamente, en formatos reutilizables.
c) Previa autorización del órgano inmediatamente superior al responsable de la sede electrónica o página web.
d) En los términos que establezca una ley.

**7. En virtud del artículo 5.3 de la Ley 19/2013, cuando la información pública contuviera datos especialmente protegidos, la publicidad sólo se llevará a cabo:**

a) Previa disociación de los mismos.
b) Previo consentimiento de los afectados.
c) De forma personalizada.
d) De forma codificada.

**8. Según el artículo 5.4 de la Ley 19/2013, la información sujeta a las obligaciones de transparencia será publicada en las correspondientes sedes electrónicas o páginas web y de una manera clara, estructurada y entendible para los interesados y, preferiblemente:**

a) En formatos reutilizables.
b) En diferentes idiomas.

c) En la página de inicio.
d) Codificada.

**9. Por el artículo 5.4 de la Ley 19/2013, se permite que el cumplimiento de las obligaciones derivadas de esta Ley se realice utilizando los medios electrónicos puestos a su disposición por la Administración Pública de la que provenga la mayor parte de las ayudas o subvenciones públicas percibidas, a:**

a) Las entidades sin ánimo de lucro.
b) Las entidades sin ánimo de lucro que persigan exclusivamente fines de interés social o cultural.
c) A cualquier entidad sin ánimo de lucro que contenga entre sus fines, fines de interés social o cultural.
d) Entidades sin ánimo de lucro que persigan exclusivamente fines de interés social o cultural y cuyo presupuesto sea inferior a 50.000 euros.

**10. Según el artículo 5.5 de la Ley 19/2013, de 9 de diciembre, de transparencia, acceso a la información pública y buen gobierno, toda la información será comprensible, de acceso fácil y gratuito y estará a disposición de las personas con discapacidad en una modalidad suministrada por medios o en formatos adecuados de manera que resulten accesibles y comprensibles, conforme al principio de:**

a) Igualdad de oportunidades.
b) No discriminación.
c) Eficacia.
d) Accesibilidad universal y diseño para todos.

**11. Conforme al artículo 6.1 de la Ley 19/2013, los sujetos comprendidos en el ámbito de aplicación del título I publicarán información relativa a las funciones que desarrollan, la normativa que les sea de aplicación así como a su estructura organizativa. A estos efectos, para identificar a los responsables de los diferentes órganos y su perfil y trayectoria profesional, deberán incluir:**

a) Los currículos de los órganos directivos unipersonales.
b) Las declaraciones de bienes de los órganos directivos.
c) Un organigrama actualizado.
d) La relación de puestos directivos.

**12. En relación a la información institucional, organizativa y de planificación, el artículo 6 de la Ley 19/2013 dispone que:**

a) Todos los empleados públicos deberán publicar información relativa a las funciones que desarrollan.
b) Las Administraciones Públicas publicarán los planes y programas anuales y plurianuales en los que se fijen objetivos concretos, así como las actividades, medios y tiempo previsto para su consecución.

c) El grado de cumplimiento y resultados de los planes y programas anuales y plurianuales de las Administraciones Públicas en los que se fijen objetivos concretos deberán ser objeto de evaluación y publicación periódica junto con los indicadores de medida y valoración, en la forma en que se determine por la Administración General del Estado.

d) En el ámbito de la Administración General del Estado corresponde a las secretarías generales la evaluación del cumplimiento de estos planes y programas.

**13. Conforme al artículo 6 bis de la Ley 19/2013, cuál de las siguientes categorías de responsables o encargados deberán hacer público un inventario de sus actividades de tratamiento de datos de carácter personal accesible por medios electrónicos:**

a) Los consorcios.
b) Los bancos y las cajas de ahorros.
c) Las universidades privadas.
d) Los sindicatos.

**14. En virtud del artículo 7 de la Ley 19/2013, de 9 de diciembre, de transparencia, acceso a la información pública y buen gobierno, ¿deben publicar las Administraciones Públicas, en el ámbito de sus competencias, las directrices, instrucciones, acuerdos, circulares o respuestas a consultas planteadas por los particulares u otros órganos?**

a) No, en ningún caso.
b) Sí, en todo caso.
c) Sí, siempre que no tengan efectos jurídicos.
d) Sí, en la medida en que supongan una interpretación del Derecho o tengan efectos jurídicos.

**15. Según el artículo 7 de la Ley 19/2013, de 9 de diciembre, de transparencia, acceso a la información pública y buen gobierno, relativo a la información de relevancia jurídica:**

a) Las Administraciones Públicas, en el ámbito de sus competencias, publicarán los proyectos de Reglamento cuya iniciativa les corresponda.
b) Las Administraciones Públicas, en el ámbito de sus competencias, no publicarán los proyectos de Reglamento cuya iniciativa les corresponda.
c) Las Administraciones Públicas, en el ámbito de sus competencias, no podrán publicar los Anteproyectos de Ley hasta su aprobación.
d) Las Administraciones Públicas no podrán publicar los proyectos de Decretos Legislativos cuando se soliciten los dictámenes a los órganos consultivos.

**16. En relación a la información de relevancia jurídica, el artículo 7 de la Ley 19/2013 señala que, las Administraciones Públicas, en el ámbito de sus competencias, publicarán los documentos:**

a) Que deriven de consultas planteadas por los particulares.
b) Que, conforme a la legislación sectorial vigente, deban ser sometidos a un período de información pública durante su tramitación.

c) Que contengan memorias o informes.
d) Cuya iniciativa les corresponda.

**17. Según el artículo 8.1 de la Ley 19/2013, la información relativa a los contratos menores:**

a) Deberá realizarse mensualmente.
b) Deberá realizarse trimestralmente.
c) Podrá realizarse trimestralmente.
d) Podrá realizarse semestralmente.

**18. Conforme al artículo 8 de la Ley 19/2013, de 9 de diciembre, de transparencia, acceso a la información pública y buen gobierno, NO es necesario que los sujetos incluidos en el ámbito de aplicación de su título I deban hacer pública, la siguiente información relativa a los actos de gestión administrativa con repercusión económica o presupuestaria:**

a) La relación de los convenios suscritos, con mención de las partes firmantes, su objeto, plazo de duración, modificaciones realizadas, obligados a la realización de las prestaciones y, en su caso, las obligaciones económicas convenidas.

b) Las declaraciones anuales de bienes y actividades de los representantes locales, con especial referencia a los datos relativos a la localización concreta de los bienes inmuebles.

c) Las retribuciones percibidas anualmente por los altos cargos y máximos responsables de las entidades incluidas en el ámbito de la aplicación del citado título I. Igualmente, se harán públicas las indemnizaciones percibidas, en su caso, con ocasión del abandono del cargo.

d) Las resoluciones de autorización o reconocimiento de compatibilidad que afecten a los empleados públicos así como las que autoricen el ejercicio de actividad privada al cese de los altos cargos de la Administración General del Estado o asimilados según la normativa autonómica o local.

**19. En virtud del artículo 11 de la Ley 19/2013, de 9 de diciembre, de transparencia, acceso a la información pública y buen gobierno, el Portal de la Transparencia proporcionará información estructurada sobre los documentos y recursos de información con vistas a facilitar la identificación y búsqueda de la información, en base al principio de:**

a) Interoperabilidad.
b) Accesibilidad.
c) Reutilización.
d) Disponibilidad.

**20. La iniciativa normativa de las Administraciones Públicas debe evitar cargas administrativas innecesarias o accesorias y racionalizar la gestión de los recursos públicos, en aplicación del principio de:**

a) Accesibilidad.
b) Eficacia.
c) Simplicidad.
d) Seguridad jurídica.

En MADTEST tienes **más preguntas de este tema**, y todos tus avances quedan registrados y se reflejan en el ranking.

**¡Supera tus límites con MADTEST!**

# Solución al test n.º 20

**1.** b) La promoción de la administración electrónica.

**2.** d) La publicidad activa.

**3.** b) Que perciban durante el período de un año ayudas o subvenciones públicas en una cuantía superior a 100.000 euros o cuando al menos el 40% del total de sus ingresos anuales tengan carácter de ayuda o subvención pública, siempre que alcancen como mínimo la cantidad de 5.000 euros.

**4.** c) Los organismos autónomos, las Agencias Estatales, las entidades públicas empresariales y las entidades de Derecho Público que, con independencia funcional o con una especial autonomía reconocida por la Ley, tengan atribuidas funciones de regulación o supervisión de carácter externo sobre un determinado sector o actividad.

**5.** d) Del título I, el capítulo II, referido a la publicidad activa.

**6.** a) De una manera clara, estructurada y entendible para los interesados.

**7.** a) Previa disociación de los mismos.

**8.** a) En formatos reutilizables.

**9.** d) Entidades sin ánimo de lucro que persigan exclusivamente fines de interés social o cultural y cuyo presupuesto sea inferior a 50.000 euros.

**10.** d) Accesibilidad universal y diseño para todos.

**11.** c) Un organigrama actualizado.

**12.** b) Las Administraciones Públicas publicarán los planes y programas anuales y plurianuales en los que se fijen objetivos concretos, así como las actividades, medios y tiempo previsto para su consecución.

**13.** a) Los consorcios.

**14.** d) Sí, en la medida en que supongan una interpretación del Derecho o tengan efectos jurídicos.

**15.** a) Las Administraciones Públicas, en el ámbito de sus competencias, publicarán los proyectos de Reglamento cuya iniciativa les corresponda.

**16.** b) Que, conforme a la legislación sectorial vigente, deban ser sometidos a un período de información pública durante su tramitación.

**17.** c) Podrá realizarse trimestralmente.

**18.** b) Las declaraciones anuales de bienes y actividades de los representantes locales, con especial referencia a los datos relativos a la localización concreta de los bienes inmuebles.

**19.** b) Accesibilidad.

**20.** b) Eficacia.